7 HÁBITOS PARA ALCANZAR EL ÉXITO

7 HÁBITOS PARA
ALCANZAR
EL ÉXITO

Dr. Ángel Francisco Briones-Barco

 MESTAS EDICIONES

PROYECTO
METACRECIMIENTO
Desarrollo Personal y Empresarial

© MESTAS EDICIONES
Avda. de Guadalix, 103
28120 Algete, Madrid
Tel. 91 886 43 80
E-mail: info@mestasediciones.com
www.mestasediciones.com

© Del Texto: Dr. Ángel Francisco Briones-Barco

ISBN: 978-84-18765-47-6
Depósito legal: M-2253-2023
Printed in Spain - Impreso en España

Primera edición: *Marzo, 2023*

PRÓLOGO

Durante la primera parte de mi vida, no conseguía nada de lo que me proponía. Me cansaba muy rápido de cualquier cosa, aunque al principio me apasionara. Estarás de acuerdo conmigo en que la constancia es fundamental para conseguir cualquier cosa que quieras en la vida. Todas las personas de éxito te dirán que no puedes conseguir nada si no eres constante. Y darme cuenta de que lo que me pasaba era que había sido inconstante, arruinó el resto de sueños que tenía. Pero un día descubrí un sistema que instala cualquier hábito sin esfuerzo en sólo una hora. O incluso menos. Este sistema consigue que cualquier hábito que quieras incorporar a tu vida se haga en "piloto automático"; es decir, sin que tengas que pensar en ello.

Antes de contarte el método, tienes que saber que hay **cinco señales muy reveladoras que indican que los hábitos no funcionan contigo**.

Es muy fácil sentir que la vida pasa por delante de ti porque no tienes el control. Y para recuperar el control, necesitas buenos hábitos, pero son difíciles de mantener. Todos tenemos una cantidad determinada de fuerza de voluntad, y cuando tus hábitos requieren mucho esfuerzo, es normal que no los hagas y sigas con ellos. Hay muchos elementos comunes cuando luchamos a la hora de formar buenos hábitos, y son los cinco signos siguientes. ¿Alguno te suena familiar?

1. Te entusiasmas con la formación de un nuevo hábito, pero solo dura tres días como máximo antes de darte por vencido. Pasan varias sema-

nas y luego tratas de convencerte para volver a coger el hábito que querías, porque... "creo que solo requiere energía y concentración durante un período de tiempo al principio y no he sido capaz de mantenerlo..."

2. Cada vez que omites o te saltas un hábito, encuentras la excusa perfecta de por qué te lo saltas, pero al día siguiente te sientes culpable por no haberlo hecho: "Es porque me da vergüenza hacer lo que tengo que hacer. Mina mi confianza. No me siento tan bien conmigo mismo haciéndolo, pero tengo que hacerlo para conseguir lo que quiero..."

3. Postergas lo que debes hacer hasta que se convierte en una crisis y tienes que hacerlo sí o sí, sobre todo para evitar consecuencias negativas. Por alguna razón, no puedes esforzarte para hacer tareas hasta que estés en modo crisis, porque "solo hago las cosas cuando tengo que hacerlo, cuando sea una 'emergencia' en vez de hacerlo sin pensar..."

4. Te dices a ti mismo que algo más, otra cosa, es todavía más importante que tu hábito. Esa es la excusa para no hacer lo que necesitas que sea tu nuevo hábito. No importa cuán insignificante sea la otra cosa: te convencerás de que es MÁS significativa y crucial que comenzar a hacer tu hábito: "O me miento a mí mismo diciendo que iré luego, o elijo otra cosa y lo convierto en algo mucho más importante".

5. No tienes suficiente motivación y fuerza de voluntad para cuando más lo necesitas, especialmente por la noche y después de un largo día de trabajo. "En el momento en que dejo el trabajo, todo se viene abajo. No sé si es fuerza de voluntad, honestamente: debe serlo. Si

no, simplemente todo se viene abajo. No hay consistencia."

Si te puedes identificar con cualquiera de estas situaciones, significa que es una señal de advertencia sobre la forma en la que tratas de formar nuevos hábitos: no está funcionando para ti. Probablemente te falta añadir una o dos cosas pequeñas que te impiden seguir estos hábitos.

Tratar de acordarte cuándo hacer tus hábitos es una receta para el desastre. Todos tenemos demasiadas cosas que recordar. Por lo tanto, lo mejor es empezar a escribir los hábitos que queremos y cómo los hacemos. Probablemente hayas intentado usar notas adhesivas en tu monitor para algún recordatorio. Son geniales, pero solo cuando estás sentado en ese punto, y aun así esas notas sólo funcionan la mitad de las veces. Los recordatorios en un calendario también son geniales, pero una vez que los ignoras un par de veces, dejas de tomarlos en serio y se vuelven una molestia.

Hasta puedes hacer trucos aleatorios, como dormir con tu ropa de gimnasia, para así ejercitarte a primera hora de la mañana, o beber mucha agua antes de acostarte para que no te duermas porque debes ir al baño cada dos por tres. Y luego también hay toneladas de pequeñas aplicaciones en el teléfono móvil, una de esas en las que dicen que si marcas una "X" cada día que haces un hábito, es más probable que se quede. Así que terminas comprando todas estas diferentes aplicaciones, pero ninguna de ellas funciona. Todos estos pequeños trucos y hackeos podrían funcionar durante uno o dos días. Pero no te ayudan a formar y mantener nuevos hábitos. ¿Qué más puedes hacer?

Te voy a decir el único secreto que casi nadie más te dirá:

1. LOS HÁBITOS NO FUNCIONAN. LOS RITUALES, SÍ.

Ahora bien, esto podría ser un poco controvertido, por lo populares que son los hábitos en este momento. Pero quiero que tengas la información real, incluso si eso significa ir contra la corriente. Si algo no funciona, no funciona. Y he aquí varias razones para que sepas por qué los hábitos no funcionan:

1. **Los hábitos son vagos.** Cuando la gente te dice que tomes el hábito del "pensamiento positivo", ¿qué significa eso? Por otro lado, los rituales son específicos. Sabes exactamente lo que tienes que hacer. No hay razonamiento ni dudas.

2. **Los hábitos no permanecen con facilidad.** Todos a tu alrededor hacen que parezca fácil caminar más, despertarse más temprano y meditar. Lo que no te dicen es cómo comenzar y cómo hacerlo funcionar. Sin un plan y un sistema sólido, mantener los hábitos puede convertirse en un segundo trabajo a tiempo completo. Si usas rituales en lugar de hábitos, no tienes que preocuparte por todo esto. El sistema que vas a aprender hace todo el trabajo por ti y hace que sea fácil mantener cualquier hábito que quieras tener.

3. **Los hábitos no te muestran el cómo.** Cuando alguien dice "hay que retomar el hábito del ejercicio", ¿cómo sabe por dónde empezar? ¿Cómo se hace esto sin sentirse abrumado? ¿Cómo lo haces parte de tu vida sin interrumpir todo lo demás que tienes? Los hábitos no abordan el CÓMO. Los rituales sí lo hacen. Toda la base de los rituales es que son fáciles de seguir, paso a paso, y son fáciles de hacer: es el sistema que impulsa esto. Con un sistema

de rituales como el que te voy a enseñar, los hábitos se vuelven fáciles.

2. ¿QUÉ HARÁN LOS RITUALES POR TI?

Tener los rituales adecuados puede cambiar tu vida. Cuando instales los siete rituales que tienen todas las personas de éxito, conseguir todo lo que quieras solo es una cuestión de tiempo. Entonces, ¿qué es lo que realmente vas a conseguir?

Esto es lo que yo y mis clientes hemos conseguido al implementar los rituales que quiero enseñarte:

- Los hábitos sólo hacen clic y no vuelves a pensar en ellos. Funcionan en automático.

- Se está menos estresado por la mañana antes del trabajo y realmente entusiasmado con el día por delante.

- Levantarse temprano se vuelve fácil y uno se siente a cargo de tu día.

- Caminar más y hacer más ejercicio es algo natural, independientemente del clima.

- Se tiene más energía después del trabajo para que poder hacer cosas importantes si lo desea (o simplemente relajarse sin sentirse culpable).

- Hay más tiempo para el ocio, gracias a todos los rituales que optimizan la vida personal y laboral.

- Al acostarse por la noche se tiene la satisfacción de saber que te has entregado por completo.

- No sentirse apresurado o ansioso cuando se está bajo mucha presión. Hay un ritual especial para deshacerte del estrés en menos de tres minutos y concentrarse en la tarea que se tenga entre las manos.

Con este libro aprenderás los pasos EXACTOS para instalar hábitos y rituales que no se postergan ni demoran.

Incorporar cualquier hábito a tu vida y mantenerlo debe ser fácil y no costar ningún esfuerzo. Debería ser algo que puedas hacer una vez y nunca tener que pensar de nuevo. No tiene que ser una lucha diaria e interminable de fuerza de voluntad y disciplina. Un hábito debe ser parte de tu vida diaria sin que tengas que pensar en ello. De la misma forma como cuando te cepillas los dientes o te atas los zapatos. Simplemente lo haces.

Eso es lo que este *Método Ritual* puede hacer por ti. Te permitirá instalar cualquier hábito sin fallos, siguiendo un sencillo sistema paso a paso que puedes implementar en menos de una hora sin tener que pensar en ello. Es el sistema EXACTO paso a paso que utilizamos para incorporar cualquier hábito. Se lo he enseñado a cientos de clientes privados en los últimos años. Por ejemplo: uno de mis clientes, ha usado este Método para salir de una deuda de casi diez mil dólares en menos de un año y para obtener múltiples inversiones que ahora trabajan para él.

Personalmente, el *Método Ritual* ha sido lo que cambió mi vida, permitiéndome convertirme en uno de los consultores de gestión del tiempo mejor pagados. Todo comenzó con el sistema que me permitió instalar los hábitos de una rutina matutina, ejercicio diario, una rutina de tarde y muchos otros. Ahora ni siquiera lo pienso dos veces cuando tengo que hacer algo de esos hábitos. Se han convertido en rituales que son parte de mi vida diaria. Cuando estás en esta etapa, ya no tienes que "mantener" tus hábitos; son solo algo que haces todos los días. El *Método Ritual* te permite tener esa consistencia. Ya sea un hábito diario o algo que deba hacer una vez a la semana, el sistema te facilita la tarea sin desperdiciar energía al recordar qué hacer o cuándo hacerlo.

Ahora tengo que admitir que algo. No soy perfecto. A veces resbalo y me salto algún hábito, o me olvido de hacerlo. A veces salgo a tomar algo, llego tarde a casa y dejo mis rituales a un lado. Normalmente, me sentiré mal por un momento, pero afortunadamente tengo el *Método Ritual*, al que puedo recurrir.

Siempre que fallo y resbalo implementando un ritual, simplemente sigo el sistema de nuevo y con la misma emoción y precisión, instantáneamente recupero mi ritual.

Por lo tanto, tal vez te estés preguntando qué rituales necesitas tener. Hay cientos de rituales que puedes instalar, literalmente, pero ¿cuáles son los más importantes? Para evitar perder el tiempo, lo hemos reducido a 7 elementos imprescindibles y los describimos con detalles en la segunda parte del libro. Son los rituales que comparten todas las personas altamente exitosas y productivas. Antes, debes conocer la teoría que hay detrás de los rituales y cómo empezar a cambiar los que ya tienes o deseas…

¿Empezamos?

PRIMERA PARTE

LO QUE NECESITAS SABER SOBRE LOS RITUALES Y NO SABÍAS HASTA AHORA

1
INTRODUCCIÓN

Si eres un humano "normal", has tenido los mismos desafíos que cualquier otra persona. Te gusta algo, lo quieres conseguir y para eso necesitas seguir una serie de pasos o hacer una secuencia de cosas determinadas, rutinas, y convertirlas en lo que otra persona llamaría "hábitos". Pero cuando pasa la emoción del comienzo, lo que puede ocurrir en horas, días o semanas, sucede algo, pequeño o grande, que hace que no mantengas activos esos hábitos o rutinas.

Claro, eso pasa porque eres como todo el mundo: te fijas metas, tienes objetivos, pero no puedes atenerte a ellos y hacer las cosas que necesitas para conseguirlos sin pensar. Te cuesta mantener esos hábitos durante el tiempo necesario para conseguir que tus sueños se conviertan en realidad.

A menudo sientes que la vida es caótica. Ojalá fuera más estructurado y menos abrumador. Deseas hacer cambios positivos y duraderos en tu vida, pero no tienes ni idea de cómo hacerlo… consistentemente. Ahí está el problema. En la constancia y en la consistencia. Porque tiene sentido: sin ningún tipo de consistencia la vida es caótica. Si te estableces unas metas determinadas con los propósitos de Año Nuevo y no tienes un plan sólido, sólo te estás preparando para el fracaso. La razón por la cual la mayoría de las personas no tienen hábitos consistentes y automáticos es porque no tienen un sistema para ello.

La confianza y la eficiencia que necesitas provienen de tener un plan, como si fuera un juego, y ejecutarlo. Los rituales son ese plan. Por tu propia naturaleza, los rituales se hacen como si conduces en piloto automático: te llevan a tus objetivos sin la necesidad de confiar en una fuerza de voluntad limitada o de sucumbir a la paradoja de tu elección. Los rituales se hacen sin pensar. Y además tienen una bonificación adicional: los nuevos rituales comenzarán a usar el tiempo y la energía o de tus viejas rutinas inútiles.

En este libro hay dos secciones distintas: el sistema del *Método Ritual*, y siete ejemplos muy prácticos y directos de rituales de éxito. Esta primera parte es la mejor para que comiences tu viaje. Aquí te voy a revelar todo lo que necesita saber para crear y mantener cualquier ritual que desees conjurar en tu vida. Como si fueras a convertirte en un brujo o una hechicera con unos poderes increíbles... Eso es lo que te harán los rituales.

En el siguiente capítulo, Elaborando Rituales, aprenderás los ingredientes exactos y las instrucciones de mezcla adecuadas que se necesitan para reconstruir, deconstruir y conservar cualquier ritual que desees en tu vida.

En el capítulo tercero, te mostraré cómo mantener cualquier ritual y hacer que perdure, cómo hacer que tus rituales sean más precisos para que puedas tener una rutina poderosa que te brinde beneficios continuos y duraderos.

En el capítulo cuatro, hablaremos sobre la resurrección de rituales perdidos. A veces hemos tenido hábitos que han sido muy buenos y nos han ayudado mucho pero los hemos terminado perdiendo. La vida también consiste en eso. Pero aquí es donde aprenderás a dar una nueva vida a tus rituales que han sido aniquilados por una razón u otra.

Y en el capítulo quinto, te contaré cómo llevar tus rituales contigo en cualquier viaje que hagas y te saque de tu entorno habitual.

Con esta primera parte, se te muestra de una manera simple y directa todo lo que necesitas saber sobre *Método Ritual*. Pero he decidido ir un paso más allá al agregar la segunda parte, para que puedas ver siete rituales en acción. Esos siete rituales son los que proporcionan más éxito a todos mis clientes y a mí mismo, y los considero fundamentales para una vida pródiga en resultados más que positivos. Estos siete rituales funcionan como una potente palanca y tu sistema de apalancamiento hace que sean muy elevados. No te preocupes, también te contaré cómo mantenerlos en tu vida para siempre.

Entonces, ¿qué es posible hacer con rituales? La respuesta es muy simple: Todo.

Los rituales se basan en tomar pequeñas decisiones inteligentes de manera constante a lo largo del tiempo, para crear una diferencia radical en tu vida.

Si me lo permites, me gustaría ilustrar esa diferencia radical con un poco de historia y un poco de matemáticas.

No sé si sabes que hay diferentes historias sobre la invención del ajedrez. Una de ellas es una traducción de un antiguo poema parisino escrito en el año 977. Malba Tahan, en su libro *El Hombre Que Calculaba*, contaba que *hace mucho tiempo existió un reino en la India cuyo rey se llamaba Sheram. Cuando perdió a su hijo en un combate, cayó en una profunda depresión. Era tan grande su pesar que nada de lo que le ofrecieran sus súbditos podía sacarle de su letargo y consternación. Pero un día en particular apareció un tal Sissa en palacio, pidió audiencia, y presentó al rey un nuevo juego que cambiaría la vida del rey: el ajedrez.*

El joven explicó que era una especie de espejo de la guerra, una representación de la batalla, donde cada pieza tenía un valor, al igual que en la vida cada uno de los elementos que la componen tienen valores diferentes. El rey quedó maravillado con la profundidad, la estrategia e inteligencia del juego.

Sheram se maravilló con el juego: jugó tanto que su pena desapareció casi por completo. Su gozo fue tal que inmediatamente quiso recompensar a Sissa por la aportación de tan sabio juego: «¡Pídeme lo que quieras, soy lo bastante próspero como para poder cumplir tu deseo más elevado! Pide la recompensa que más te satisfaga, y la recibirás de inmediato», dijo el monarca sin inmutarse.

A Sheram le extrañó mucho que Sissa no contestara al instante, y, cuando lo hizo, le sorprendió que le pidiera un día entero para pensar en la respuesta. Pasado ese tiempo, el deseo del inventor sorprendió a todos en palacio:

—Soberano, sólo quiero que me dé unos granos de trigo por cada casilla del juego.

—Hecho. ¿Cuántos granos?

—Me gustaría que me diera un grano por la primera casilla del tablero de ajedrez.

—¿Sólo uno?

—Sí. Por la segunda casilla, deseo que me den dos granos; por la tercera, cuatro; por cuarta, ocho; por la quita, el doble, dieciséis, y así consecutivamente.

Al rey le molestó que su súbdito pensara que no sabía de matemáticas: —Así será —le rugió.— Te daré el trigo de las 64 casillas del tablero de ajedrez siguiendo tu regla: por cada casilla recibirás el doble de trigo que en la casilla anterior. Pensé que ibas a pedir algo más y mejor. Tu recompensa es ridícula y me insultas pidiéndome algo tan simple. Mañana te llevarán el trigo a tu casa.

Sissa sonrió, hizo una reverencia y se retiró a sus aposentos.

Tahan cuenta que los matemáticos del rey tardaron casi otro día en hacer las cuentas. El rey no se lo podía creer. ¿Cómo era posible? Cuando el matemático jefe de la corte pidió audiencia privada, lo primero que hizo Sheram fue preguntarle si ya le habían dado el trigo a Sissa, pero el anciano matemático le dijo que era imposible.

—¿Por qué? ¡Nada es imposible para mí y para mi reino! Tengo tantos graneros y plantaciones que no voy a quedarme sin nada por darle a Sissa el trigo que me pide por su juego.

—Me temo que no depende de su majestad, Alteza. No tienes la cantidad de trigo que el inventor quiere. Ni en tus graneros, ni en tu reino, ni en este continente, ni en todos los graneros del mundo tienes la cantidad de granos que Sissa desea.

—¿Pero cuántos son, maldita sea? —preguntó asombrado Sheram.

—¡Oh, soberano! Dieciocho trillones cuatrocientos cuarenta y seis mil setecientos cuarenta y cuatro billones setenta y tres mil setecientos nueve millones quinientos cincuenta y un mil seiscientos quince.

La recompensa del inventor era más que todos los activos del reino. Es decir, serían necesarias las cosechas mundiales de algo más de un milenio, o, lo que es lo mismo, más de mil años para sumar esa cantidad de trigo. (Malba Tahan, *El Hombre que Calculaba*)

Hay varios finales para esta historia: desde la versión en la que el inventor se convierte en el nuevo rey porque el viejo monarca, hombre de palabra, le dio todos sus bienes y los del reino, hasta la variante en la que el monarca se cree engañado y termina ordenando la muerte del inventor.

La lección no es que deberías inventar un nuevo ajedrez y ser inteligente y engañar a la gente. Lo que se debe aprender de esta historia es que los pequeños cambios a lo largo del tiempo suman un número mucho más alto de lo que la mayoría de la gente espera de manera intuitiva.

Me refiero a lo que, en estrategia tecnológica, se llama "la segunda mitad del tablero de ajedrez" (en inglés, "*the second half of the chessboard*"). Es una frase acuñada por Raymond "Ray" Kurzweil, en referencia al punto donde cierto factor de un crecimiento exponencial comienza a tener un significativo impacto económico en toda la estrategia de negocios de una determinada organización. Mientras que el número de granos de arroz que se va acumulando en la mitad superior del tablero (es decir, en los 32 primeros casilleros) ya de por sí es bastante grande, la cantidad de la segunda mitad es muchísimo mayor: nada menos que 2^{32} ó poco más de 4.000 millones de veces más grande. Lo que es lo mismo: una hipotética montaña de arroz más grande que monte Everest, o mil veces la producción global de arroz del 2011, aproximadamente 476 millones de toneladas métricas.

¿Para qué te pueden servir tantos números? Para que lo iguales al efecto que tendrá en tu vida un ritual de una sola acción. ¿Te das cuenta ahora de la importancia de implementar rituales?

Ahora avanzaremos a la actualidad para darte otro ejemplo.

Imagina tres amigos que crecieron juntos: Antonio, Gabriel y Carlos. Hoy en día viven en el mismo vecindario con el mismo nivel de motivación. Están casados y tienen una salud y un peso corporal promedio, nada del otro mundo. Al primer amigo le podemos llamar Antonio. Sigue haciendo lo mismo que nunca: es feliz, pero a veces se queja de que nada cambia. El segundo amigo, Gabriel, encontró el *Método Ritual* y comenzó a hacer algunos cambios positivos aparentemente insignificantes a través de lo que ha aprendido en este libro. Comienza a leer diez páginas de un buen libro por día, y también escucha podcasts de audiolibros en sus treinta minutos de viaje en lugar de escuchar música o la emisora habitual. Gabriel ahora se despierta veinticinco minutos antes para poder hacer tu rutina matutina y eso lo hace sentir fresco y tranquilo al comienzo de cada día. Es más fácil despertarse temprano porque tiene una rutina vespertina que le permite seguir como un cohete y duerme como una roca todas las noches. Incluso usa una hora tres veces a la semana para levantar pesas en un gimnasio cercano, algo que no ha hecho desde la escuela secundaria pero recuerda que lo disfrutaba mucho. Son pequeños cambios pero nada heroico. El tercer amigo, Carlos, solo hace unas pocas elecciones más pobres. Compró una televisión de alta definición de cincuenta y dos pulgadas para que pueda ver sus programas favoritos; instaló una barra en tu sótano y agregó una bebida extra a la dieta semanal. Uno de los programas que disfruta en tu nueva y lujosa televisión está en el Canal de Cocina y lo inspira a ir a uno o dos restaurantes pequeños al mes y calificar tu servicio, calidad y sobre todo la decoración, en tu diario personal. De nuevo pequeños cambios pero nada dramático; no cayó en las profundidades con una adicción al alcohol o a las drogas ni nada.

Al cabo de cinco o seis meses no hay diferencia perceptible entre los tres amigos. Gabriel ha leído siete u ocho libros y ha aumentado 10 kilos en las pesas que levanta. Antonio está teniendo un poco más de tiempo libre fuera de casa entre los restaurantes y lo que está aprendiendo de diseño. Y Carlos está haciendo lo mismo que siempre: nada. Incluso diez meses después, probablemente no haya un cambio perceptible. Sin embargo, los cambios a los dieciocho meses son más que relevantes. A los veinticuatro o treinta meses, la diferencia entre ellos es sorprendente. El apartamento de Antonio es completamente distinto, Gabriel está musculado y más atractivo, le han subido de puesto y de suelto varias veces, y Carlos está en el mismo lugar donde estaba hace dos años.

¿No es reconfortante saber que sólo necesitas hacer una serie de pequeños pasos de manera consistente para mejorar tu vida de manera radical? Sin embargo, la vida pasa con rapidez y tiene muchas distracciones: donde estás hoy es el resultado neto de cada paso que has dado. El *Método Ritual* te ayudará a enfocarte y tomar más pasos correctos. Te dará la oportunidad de dar el salto desde donde estás ahora hasta donde siempre quisiste estar. Este Método te mostrará el camino. Ahora es el momento en que los rituales sean las victorias privadas que tengas contigo mismo y que precedan a las eventuales y públicas.

Vamos allá.

2
ELABORA RITUALES AUTOMÁTICOS

Bienvenido a este capítulo. En el anterior, has leído todas las razones por las que deseas implementar rituales en tu vida y por qué los rituales son la opción más inteligente en comparación con otros métodos defectuosos que probablemente has aprendido o incluso has probado en el pasado. Ahora vas a ver el proceso exacto paso a paso, el *Método Ritual* para "conjurar" tus rituales. Revelaré los cuatro ingredientes necesarios y te sumergiré rápidamente en cada ingrediente, en qué consiste y cómo hay que usarlos. He encontrado estos cuatro factores a través de investigaciones y pruebas personales, así como de pruebas con mis clientes, por lo que hemos eliminado todo lo superfluo y te daré exactamente lo que necesitas para formar rituales en tu vida. Si no tienes los cuatro ingredientes necesarios, tus rituales no durarán, o no durarán por mucho tiempo. Y si no aprendes la forma adecuada para crearlos, el resultado podría ser peor que si no lo hubieras intentado. Al final de este capítulo vas a saber cómo construir, deconstruir y reconstruir cualquier ritual que desees en tu vida. Va a ser rápido, fácil y capitalizable mezclar los ingredientes para construir un nuevo ritual

Hablemos de esos **cuatro ingredientes necesarios a la hora de crear tus rituales. Son el marcador, la rutina, la recompensa y reunir las herramientas necesarias**. Eso es todo, las cuatro piezas que todo ritual necesita. No perdamos el tiempo y sumerjámonos directamente en el primer elemento: los marcadores.

1. EL MARCADOR

Es lo que marca tu rutina y la acción. Es el recordatorio, el gatillo, la señal, la primera ficha de dominó que pone en movimiento tu ritual. Un marcador puede ser un número de cosas diferentes y todos los rituales tienen diferentes tipos de marcadores. Hablemos de algunos de ellos. El primer tipo de marcador puede ser un tiempo o lugar específico: ir al trabajo, despertarse por la mañana, acostarse por la noche, quitarse la ropa de vestir y vestirse con ropa informal en tu habitación cuando llegues a casa... Horarios y lugares específicos son excelentes factores desencadenantes y excelentes recordatorios para realizar la rutina de tu ritual de forma regular.

Otro tipo de marcador es una alarma en tu teléfono o, mejor aún, un recordatorio de calendario que bloquee una cantidad específica de tiempo para que realices tu ritual. También hay recordatorios físicos que pueden servir como marcadores: por ejemplo, notas adhesivas, objetos estratégicamente colocados o simplemente un garabato en una pizarra a la que puedas hacer referencia rápidamente. Incluso las sensaciones físicas o las emociones pueden ser marcadores. Si te sientes un poco estresado, tal vez eso mismo pueda ser un marcador para hacer algunos rituales de respiración profunda.

Los marcadores también se pueden apilar encima de otros rituales que ya tienes en tu vida, cientos de ellos quizás. Estos son mis favoritos porque no tienes que pensar en ellos y también están profundamente arraigados en ti, por lo que puedes realizar el ritual nuevo antes o después de un ritual que ya tienes en tu vida. Te pondré varios ejemplos para darte una idea de algunas de estas rutinas más naturales que ya tienes y sobre las que puedes poner un marcador para un nuevo ritual: por la mañana te levantas de la cama, te cepillas los dientes, te duchas, haces café y te vistes, desayunas. Quizás no haces todo esto, pero es seguro que siempre haces algunas cosas determinadas por la mañana, ¿verdad? Siempre las mismas.

Por eso puedes encontrar qué más haces en la mañana y luego apilar tu rutina matutina o tu ritual matutino sobre todo eso.

Y también tienes marcadores específicos durante el día: mirar tu escritorio, revisar tu correo electrónico, comer un refrigerio, almorzar, asistir a reuniones, irte de la oficina hacia tu casa… Todos esos son tiempos y lugares que puedes apilar como marcadores encima de tus nuevos rituales. Antes de salir de la oficina, piensa en tres cosas que hayas logrado ese día. Ese es un muy buen ejemplo de ritual, es decir, recompensarte sabiendo que has hecho un buen trabajo en la oficina. Aparte de todo esto, tienes marcadores a la tarde-noche, como recoger a los niños o llegar a casa, cambiarte de ropa, cenar, cepillarte los dientes, meterte en la cama y luego apagar las luces. Así que te animo, siempre que sea posible, a usar uno de estos marcadores naturales que ya tienes en tu vida para poner tu ritual justo encima de ellos. Esos son algunos ejemplos de marcadores que puedes usar para dar pie para que se inicie tu ritual y que se ejecute todos los días o cada semana o cada vez que se deba repetir el ritual.

2. LA RUTINA

Es el segundo ingrediente de tu ritual. Es la serie de pasos que debes seguir para completar tu ritual. La rutina es lo que realmente necesitas hacer para que tus rituales sucedan o cobren vida. Es casi como una constelación de hábitos que unen para formar tu ritual. En la segunda parte te mostraré diez rituales sugeridos que ya vienen con los pasos enumerados para tu rutina. Si no vas a usarlos o planeas cambiar la rutina ritual prescrita, necesitarás tomarse el tiempo necesario para enumerar los pasos, para que no tenga que recordarlos en algún momento posterior y sepas que ya está incorporado. Los presentaré completos para que puedas referenciarlos rápidamente. Cuando tengas la rutina para tu ritual, debes incluir el por qué haces esos pasos en tus rutinas. Si antes hablamos de utilizar un marcador para recordarte tres cosas que hayas conseguido después de tu jornada laboral, ahora plantéate por qué querrías hacer eso. Podría motivarte el saber cuánto progreso estás haciendo cada día. Es posible que desees realizar un seguimiento de lo que has logrado al final del año o del trimestre o puede que simplemente desees tener una lista actualizada en caso de que tu jefe te pregunte qué haces. Las mismas rutinas pueden tener diferentes porqués para diferentes personas. Está bien, uno no es intrínsecamente mejor que el otro.

3. LA RECOMPENSA

Es el tercer ingrediente. Sin la recompensa, tu ritual no puede durar porque se convierte en algo más que hay que hacer en tu apretada agenda. Muchos rituales tienen recompensas intrínsecas. El ejercicio libera endorfinas, y la meditación te da calma y claridad, por ejemplo. Sin embargo, te sugiero que agregues una recompensa adicional hasta que el ritual sea profundo y duradero y, por lo tanto, una parte intrínseca de tu vida. Los tipos de recompensa que puedes incluir incluyen auto felicitaciones. Con un poco siempre se hace mucho. La comida, por ejemplo. Después de un entrenamiento duro puedes tener un batido saludable al final. Conectar los pasos de tu rutina también puede ser una recompensa: algo que coincida con tu identidad para que puedas reafirmar quién eres. Una persona que hace algo, X, todos los días, podría ser una recompensa. La interacción social podría ser una recompensa. Y si ninguna de estas recompensas te conviene, simplemente piense en lo que obtienes cuando disfrutas de algo en particular, qué te haría motivarte, y utilízalo como recompensa. Verás ejemplos específicos en la segunda parte, pero si aún tienes problemas, mándame un correo electrónico a **juegosdecoaching@gmail.com** y estaré encantado de intercambiar ideas contigo.

La parte más importante de la recompensa es que necesita darte ganas de volver por más. Esto es lo que lo te motivará para mantener tus rituales. Los rituales son un ciclo. Se refrescan a sí mismos, se retroalimentan. Se desatan con un marcador, se completan con una rutina y se refuerzan con una recompensa. El anhelo que te produce la recompensa te seguirá presionando el ciclo de acción todos los días hasta que el ritual sea una parte automática de tu vida. Sin embargo, falta el ingrediente final:

4. TUS HERRAMIENTAS

Debes saber cuáles son y no puedes olvidarte de ellas. Las herramientas son las que te ayudan a realizar tu ritual: el equipo para hacer ejercicio, los libros, las aplicaciones, tu computadora, etc., son todos ejemplos de herramientas, y no conocer las herramientas que acompañan a cada uno de tus rituales es una receta para que se produzcan interrupciones intermitentes cuando estás llevando a cabo tus rituales. La verdadera razón por la que tus rituales se caen a pedazos de vez en cuando es porque no tienes los recursos necesarios para no ocurra. Así que, hazme un favor y enumera todas las herramientas que tengas en un lugar que no olvides y al que puedas hacer referencia fácilmente. Esto se vuelve especialmente importante en el capítulo Cinco, cuando hablemos de cómo seguir haciendo tus rituales cuando estás de viaje. Algunos lugares donde te sugiero que dejes constancia de tus pasos sugeridos son, por ejemplo, una hoja de cálculo, un documento de texto o incluso una libreta Moleskine. Lo que hay que evitar bajo cualquier concepto es un trozo de papel garabateado que se perderá fácilmente, o algo que simplemente no deseas conservar. Necesitas algo agradable que realmente te guste mantener —y al que te guste volver— que te sirva de referencia, incluso para repetirlo mientras crecen tus rituales y tú creces paralelos a ellos.

Entonces estos son los cuatro ingredientes: tienes el marcador, el punto desencadenante que inicia el ritual; luego tienes la rutina, que es la serie de pasos o secuencia del ritual; le sigue la recompensa, que proporciona más motivación y refuerza el ritual, y luego las herramientas que necesitas para completar el ritual.

Ahora vamos a parar un momento y mezclemos esos componentes en la vida real. Permíteme que te cuente mi ritual favorito, que es el ritual de la mañana. Siguiendo los pasos, mi ritual comienza con un marcador tan simple como despertar. Ése es mi marcador porque tengo un horario. También tengo una rutina vespertina, pero mi rutina matutina es tan constante que ya no uso una alarma para despertarme, a menos que haya algunas circunstancias externas importantes o me encuentre fuera de casa. Esta rutina diurna en realidad ha crecido a lo largo de los años, pero te voy a contar los pasos reales, la secuencia real de la rutina que tengo anotada y que he ido puliendo con el tiempo, una secuencia a la que puedo hacer referencia para asegurarme de que no la olvido. Ahora mismo la tengo en un punto en el que forma parte de mí y es como mi segunda naturaleza. Entonces me levanto y lo primero que hago es beber un vaso grande de agua con limón. A veces durante la noche bebo un poco, y a veces el vaso es menos grande, pero siempre bebo agua primero y también tomo suplementos, como aceite de pescado y vitamina D. Son los que nunca dejo de tomar. A veces intercalo otros suplementos y luego preparo un café expreso a prueba de balas.

Esto es algo que he estado haciendo los últimos meses en mi ritual de la mañana y lo disfruto muchísimo. Después medito durante media hora, generalmente con mi novia. Y una vez que terminamos de meditar y de beber nuestro café, hago la cama. Este es en realidad un ritual sorprendentemente poderoso, el de hacer la cama. Te contaré más sobre esto en la segunda parte. Luego reviso mis objetivos, que están escritos en la aplicación Evernote, y después reviso y anoto en mi diario lo que voy a hacer durante el día, con un ejercicio similar a los de escritura automática, para poner mi cerebro en funcionamiento. Lo hago todos los días.

Seguidamente, empiezo mi día con la tarea más importante para mí, escribir. Me ayuda a comunicarme mejor; es parte de algo que mi negocio necesita a diario, así que hago un Pomodoro, una sesión de escritura cronometrada de veinticinco minutos y cinco minutos de pausa. (La describo en detalle en un momento.) Después de eso, saco a pasear al perro. Gus se pone un poco ansioso si no sigue tu rutina matutina, en la que se despierta, sale a caminar, come comida y luego se duerme un rato. Cuando volvemos del paseo, me estiro y hago un ejercicio de equilibrio invertido de brazos, lo que simplemente es hacer el pino, una parada de manos. Esta parte de mi ritual es relativamente nuevo, creo que lo llevo haciendo desde durante aproximadamente cuatro meses. Al invertirme llevo la sangre a nuevos lugares del cuerpo y es algo que me hace gracia, un pequeño ritual divertido que agregué a mi ritual para animar mi mañana. Después, sigo dedicando las siguientes horas a mis clientes y negocios, siguiendo la técnica Pomodoro. Ése es mi ritual matutino.

Es muy beneficioso no solo tener una lista de tus rutinas, sino una lista de las razones para hacerlas. Es útil en caso de que se te olvide por qué un paso en particular es importante. Recientemente, me preguntaron por qué tomo agua con limón en lugar de agua regular todas las mañanas. Como tengo el ritual tan instalado en mí, no recordaba la razón con exactitud, pero como tengo todo escrito en un documento de Google Docs, pude hacer referencia y recordar los beneficios de los limones. Los limones equilibran los niveles alcalinos de tu cuerpo, lo que reduce la inflamación. También tiene vitamina C, que aumenta tu sistema inmunitario, y tiene micronutrientes que protegen tu intestino antes de poner algo en él. Esas son todas buenas razones para beber agua con limón por la mañana, razones lo suficientemente fuertes para que yo haga el esfuerzo de beberlo todos los días, incluso cuando viajo.

La recompensa para mí no es tan especial y única como piensas, pero es un poco diferente de lo que podrías esperar. Mi recompensa es seguir todos mis pasos en un rastreador de hábitos y hablaremos un poco más sobre este "rastreador" específico, al que yo llamo R.P.G. por sus siglas en inglés. Tiene muchos juegos divertidos y recompensas intrínsecas que lo hacen muy agradable. Cuando antes de comenzar este rastreador, ya era bastante bueno con mis rutinas. Me encuentro entre el ochenta y cinco por ciento de personas que tiene una media de notable alto en lo que corresponde a rituales, pero cuando incorporé el rastreador me convertí en un estudiante de matrícula de honor. Nunca echo de menos ningún ritual, así que encontré una recompensa que funciona muy bien para mí, y una vez que alcanzas esa recompensa que te funciona bien, te quedas con ella y la utilizas de cualquier manera que puedas, como yo hago con mi rastreador particular de rituales, el hábito RPG.

Y por último, te cuenta mis herramientas. Las tengo enumeradas en Evernote: una de ellas es mi computadora y algunas aplicaciones que están en mi computadora, Evernote y otra aplicación, Scrivener. La siguiente herramienta fundamental es mi teléfono. Necesito mi teléfono porque tengo un rastreador de rituales, así como HeadSpace, que es una aplicación que uso para hacer meditaciones guiadas. No es necesario, pero es algo que uso y disfruto. Otros ingredientes son limones o jugo de limón. Los limones frescos son los mejores, pero a veces son difíciles de conseguir y son un poco caros, así que a veces uso jugo de limón. También mis herramientas para el ritual de la mañana son la vitamina D y el aceite de pescado y una correa para Gus. Hablaré más de todo esto en el capítulo cinco, pero sé que si tengo mi computadora, mi teléfono y estos otros tres ingredientes, puedo hacer mi ritual matutino donde quiera, y por eso es por lo que mi ritual es tan intenso y más robusto. Ése es mi ritual matutino completo. Ya has comprobado que tengo el marcador, la rutina, la recompensa y las herramientas necesarias.

Ahora bien, hay una herramienta que he mencionado y que no he explicado en detalle. No la considero una herramienta de mi rutina porque no es física, sino un conocimiento teórico que hace que mi ritual sea más efectivo. Me refiero a...

5. LA TÉCNICA POMODORO

Según Bor Cobritas, esta técnica surgió cuando *un italiano, Francesco Cirillo, estaba intentando estudiar en su casa. Como era verano, hacía muchísimo calor y las circunstancias no eran las más adecuadas para estar estudiando, sobre todo porque desde su ventana podía ver la piscina municipal llena de amigos y chicas. Francesco, o France para los amigos, lo había intentado para concentrarse, pero no había manera. Pasaba el tiempo y France sólo podía pensar en el suspenso que se le avecinaba. Dice la leyenda que fue su madre quien le salvó del desastre, porque entró en su habitación como un huracán y le sacó de sus pensamientos negativos:*

—¡France! Voy a hacer un recado, pero he dejado la comida en el horno. Tienes que sacarlo en 25 minutos. Aquí te dejo el temporizador. Cuando suene, te levantas y vas a apagar el horno, ¿entendido?

Y allí que le dejó el temporizador en forma de tomate rojo, que aparte de grande hacía un curioso tic-tac, sonoro pero no molesto. Para France el sonido era muy relajante y pensó que podía hipnotizarle, porque se sentía muy a gusto con el sonido de fondo, así que decidió aprovecharse de ese nuevo estado mental y siguió estudiando hasta que sonara. Algo que pasó a los veinticinco minutos exactos, con un RING metálico que hizo que France moviera la cabeza y la sacudiera como si despertara.

"¿Ya han pasado veinticinco minutos?", France estaba asombrado. ¡El tiempo se le había pasado volando! France se levantó, fue a apagar el horno y de paso bebió un vaso de agua. No dejaba de pensar en lo fácil que había sido estudiar en ese período de tiempo tan corto. ¿Por qué? Antes de empezar a teorizar sobre la razón, el temor a suspender el examen apareció en su mente e hizo que se dedicara a replicar lo mismo, pero sin asar nada más. Volvió a su cuarto casi corriendo, puso el temporizador tomate a veinticinco minutos, y siguió estudiando. Después de ocho intervalos, con sus correspondientes pausas para levantarse y estirar las piernas e ir al baño, France había terminado de estudiar y estaba pletórico. Qué decir tiene que al día siguiente France aprobó el examen y eso le llevó a pensar sobre lo que le había pasado con el "minutero cronómetro" o "tomate mecánico". Después de depurar la técnica, se la contó a más personas, lo pusieron en práctica y como al final la técnica necesitaba un nombre, le dio el nombre de Pomodoro, tomate en italiano, en honor al cronómetro de cocina que le había ayudado tanto.

Como has leído, es tan simple como efectiva. Sólo debes dividir los tiempos de trabajo (o "Pomodoros") en franjas de veinticinco minutos, y alternarlos con descansos de cinco minutos. Cuando haces cuatro Pomodoros de veinticinco minutos, entonces puedes descansar un período más largo, de quince a treinta minutos. Y luego continúas con otros cuatro Pomodoros si es necesario.

El proceso quedaría de la siguiente forma:

- Trabajar 25'
- Descansar 5'
- Trabajar 25'

- Descansar 5'
- Trabajar 25'
- Descansar 5'
- Trabajar 25'
- Descansar 20' (o una media entre 15 y 30 min.)
- Volver a empezar.

La única condición que te pide esta técnica es que no puedes parar o dividir cada fragmento, cada Pomodoro de tiempo. Cuando empieces uno, tienes que acabarlo. Aunque no sepas cómo seguir estudiando (sigue leyendo), o qué escribir (ponte a escribir sobre otra cosa), etc., etc. Si no terminas 25 minutos dedicado a lo que tengas que hacer (leer, estudiar, escribir, practicar algo), el pomodoro no vale. Como te puedes imaginar, no terminar los Pomodoros no es nada productivo.

Bor Cordina cuenta que utilizó esta técnica para escribir su tesis y le funcionó de maravilla. Yo mismo estoy escribiendo este libro siguiendo la técnica Pomodoro y te confieso que no me cuesta escribir tanto como otras veces, y eso que estoy al teclado casi 3 o 4 horas diarias.

Hay algunos consejos que Cordina da para que la técnica Pomodoro no te resulte cansada cuando ya la haces de manera automática. Por ejemplo:

- Siempre haz mínimo dos Pomodoros. Es decir, una hora de trabajo. Lo más funcional serían cuatro Pomodoros seguidos, dos horas. Lo óptimo, doce Pomodoros, seis horas. Y lo máximo, 16 Pomodoros, ocho horas, que no son nada recomendables. No te excedas.

- Un Pomodoro funciona de manera excepcional con tareas que sepas o te resulten largas, solitarias y que necesiten de mucha concentración sin pararse cada dos por tres.

- Los descansos son fundamentales. Lo has leído bien: Fundamentales. Lo repito porque son cruciales. Cuando practiques la técnica, seguro que más de una vez te encuentras con que no quieres parar a los veinticinco minutos porque estás absorto en la lectura, estudio, escritura, programación, etc. Dan ganas de no parar y no perder el *flow*. Pero realmente, según Corbina, ese *flow* o corriente de inspiración y concentración, no dura más de treinta segundos o un minuto después de que suene el temporizador... Así que lo mejor es apuntar en un papel por dónde vas, te levantas, descansas, estiras el cuerpo, miras hacia otro lado, por la ventana si es posible, para alejar el campo visual. Lo maravilloso es que cuando vuelvas a ponerte a la tarea, vas a notar que el *flow* reaparece por arte de magia al minuto de empezar el siguiente Pomodoro. Y el *flow* se va a quedar un buen rato, te lo aseguro.

- Si te bloqueas tanto durante un Pomodoro que no puedes hacer nada más relacionado con esa tarea, deja el Pomodoro y no te preocupes. Cuando uno no puede más, no puede más. También hay que saber parar.

- Cuando tengas que hacer tareas creativas aleatorias, el Pomodoro NO está recomendado. Es decir, no te pongas a pensar en ideas aleatorias, o hacer brainstorming o cosas similares, porque entonces es probable que te bloquees y pienses que la técnica no está funcionando. No es lo mismo que si debes escribir algo. La idea es que el Pomodoro te va a ayudar a concentrarte y hacer sólo la tarea que tengas que hacer. Y si estás escribiendo y no se te ocurren más ideas, siempre puedes seguir escribiendo sobre otra cosa o recopilar más información para seguir escribiendo después.

- Según el propio Francesco Cirillo, el mejor temporizador que puedes usar es el mecánico, un temporizador de cocina que mantenga el tic-tac para que cuando te pongas a hacer Pomodoros tu cerebro asocie el sonido con la productividad y la concentración. También puedes usar cronómetros digitales, por supuesto. Lo importante es repartir el tiempo en Pomodoros con pausas.

Después de esta lección, ya estás muy adelantado en la teoría, así que hay que hacer alguna práctica. Lo que me gustaría que hicieras ahora, algunos pequeños pasos que te lleven a la acción, es construir una rutina tú solo.

Si quieres puedes adelantarte y ojear la segunda parte para encontrar un ritual que se adapte a ti, pero lo importante es que lo ajustes y modifiques, que lo hagas tuyo, que crees o encuentres tu propio marcador y tu propia recompensa. Encuentre las herramientas necesarias que funcionen para ti y tome todas las medidas que acabamos de enumerar. Asegúrate de tener el marcador, la rutina, la recompensa y las herramientas para tu ritual y luego pasa al siguiente capítulo. Básicamente, ya has aprendido un montón que la mayoría de la gente no sabe, así que ya estás por delante de muchísima gente. Sin embargo, hay varias maneras para conseguir que tus rituales se mantengan firme de tal forma que nunca abandonen tu vida. Los puedes patalear y seguirán volviendo a tu vida, porque vas a aprender a hacerlos muy consistentes. Así que una vez que hayas construido tu primer ritual a tu manera, continúa leyendo y convirtamos ese ritual en permanente y automático.

3
HAZ QUE TUS RITUALES
SEAN AUTOMÁTICOS

Bienvenido al capítulo donde, ¡por fin!, descubriremos cómo hacer que los rituales perduren y sean perpetuos, que se queden fijos en tu rutina del día a día. Ya hemos cubierto los por qué de los rituales, por qué las decisiones pequeñas e inteligentes hechas a lo largo del tiempo pueden crear una diferencia radical en tu vida. Los rituales son la mejor manera de tomar estas decisiones y tomar estas acciones, ya que requerirán la menor cantidad de fuerza de voluntad posible, y así eludiremos todas las distracciones en comparación con las otras opciones que existen. Recuerda que queremos convertirnos en Gabriel y no en Carlos.

También hemos analizado cómo elaborar sus rituales, mediante el uso de un marcador, la recompensa al tener la rutina escrita y la lista de herramientas necesarias, y si has cumplido con tu tarea de cinco minutos del capítulo anterior, deberías haber creado un primer ritual. Ahora prepárate para aprender cómo hacer que ese ritual sea permanente. Cuando nos atenemos a llevar a cabo un ritual y las acciones se perpetúan lo suficiente, el ritual se volverá automático y ya no requerirá mucha energía ni una determinada intención consciente para que esto suceda. Haciendo que el ritual perdure, este capítulo básicamente consiste en crear rituales con condimentos que puedes espolvorear encima de tu receta ritual para hacerla más poderosa, automática y fácil.

Ha llegado el momento de descubrir cuatro de los factores más importantes para lograr que esos rituales sean rígidos y potentes. Esos cuatro factores son:

1. Preparar nuestro entorno.

2. Crear responsabilidad.

3. Comprometer tu identidad, y

4. Agregar un poco de tiempo.

No voy a dilatarlo más y empezaré a profundizar para mostrarte cómo puedes...

1. PREPARAR TU ENTORNO

¿Para qué hay que alterar lo que te rodea? Para hacer que los rituales que acabas de crear sean una parte profunda de tu vida.

Tu vida actual es en gran medida producto de tu entorno, no hay forma de evitarlo. Es casi imposible comer sano cuando estás rodeado de alimentos no saludables, permanecer positivo cuando estás rodeado de personas negativas, enfocarte en una sola tarea cuando eres bombardeado por correos electrónicos de mensajes de texto, notificaciones, preguntas de compañeros de trabajo y otras distracciones digitales. Queda claro entonces que tu entorno forma muchas de las decisiones que tomas, pero también es algo que puedes cambiar. Y puedes cambiarlo de una manera que respalde tus rituales, y así perpetuarlos. ¿Cómo?

El primer paso de preparar tu entorno es reunir sus ingredientes. Asegúrate de conocer el marcador exacto, la rutina, la recompensa y las herramientas necesarias, y te voy a dar el por qué. Cuando escribe un plan, tu tasa de éxito se triplica. No me lo estoy inventando. Un experimento del *British Journal of Health and Psychology* ha demostrado que escribir un plan para implementar un nuevo ritual puede triplicar la probabilidad de que se realice. El objetivo era ayudar a un número de personas, divididas en tres grupos, a que hicieran más ejercicio semanalmente. Al primer grupo se le controló de una manera más estricta. Al segundo grupo se le dio una charla motivadora sobre los beneficios del ejercicio y por lo tanto muchísima motivación. Y al tercer grupo se le hizo escribir un plan de implementación. Sólo un 40% aproximadamente del grupo más controlado realizó ejercicio. El grupo motivado sólo ejercitó en un 35% de sus componentes, y el grupo que había puesto todo por escrito ejercitó en un 91%. Es decir, el noventa y uno por ciento del grupo que escribió lo que iban a hacer, en realidad lo hizo, así que si quieres multiplicar por tres tus posibilidades de éxito en cualquier cosa, bueno, escríbelo.

Ahora que sus ingredientes han sido completamente preparados, hagamos que tu ambiente sea aún más permanente con recordatorios inconscientes: notas, calendarios, pantallas, aplicaciones de teléfono o fondos de escritorio pueden ser utilizados para reforzar tus rituales. Hay una razón por la cual los anunciantes gastan dinero en vallas publicitarias, pancartas y sitios web, o le envían corroes: todo eso funciona. La persistencia también. En cuanto puedas comienza a usar el poder de la sugestión a tu favor con recordatorios inconscientes.

Aparte, tenemos que preparar a tu gente, todas aquellas personas en tu vida que son parte de tu medioambiente. Algunos de ellos deben estar preparados para tu nuevo ritual, y los preparas simplemente diciéndoles, "oye, estoy probando esta nueva cosa, un ritual, y eso significa que no estaré disponible durante este momento, o cambiaré la forma en que hago esto". La mayoría de los rituales no afectarán a muchas personas de manera espectacular, pero tu pareja necesita ser advertida antes de que saltes de la cama a las cinco de la mañana para hacer tu ritual. Tus compañeros de trabajo deben saber que vas a usar de una a dos de la tarde para concentrarte más en el trabajo. Sin embargo, hay ciertos rituales, como la meditación y escribir tu diario, que probablemente no necesiten mucha fanfarria al respecto, así que anúncialos a tu discreción. La regla general es que si una persona en tu vida puede interrumpir involuntariamente tu ritual porque no sabían que estabas haciendo un ritual, debes contárselo con anticipación y agradecerles tu ayuda.

Esto lleva a la idea de cerrar tus círculos. Las personas son parte de tu entorno y es posible que tengas que cerrar las puertas a personas no solidarias. El cierre del círculo se realiza al desconectarte de las personas insolidarias en tu vida. Probablemente esto sea una de las cosas más difíciles de hacer. Sin embargo, si tienes personas en tu vida que constante y conscientemente descarrilan tus rituales, te tientan o te distraen, es posible que necesites tomar la medida de separarte de ellos por completo. Hablaremos de este tema más tarde. Aunque es duro, algo así es completamente necesario para que el ritual se convierta en algo perpetuo, porque las personas en tu vida también afectarán la responsabilidad externa que tienes.

Para terminar el apartado de la preparación del entorno, repasaremos la preparación de todos los ingredientes. Imagínate que tienes la lista escrita de tu marcador o marcadores, tu rutina, tu recompensa y tus consejos; tienes recordatorios inconscientes que puedes configurar en todo tu alrededor; has preparado a las personas que lo necesitan saber y has cerrado los círculos de personas tóxicas y que podrían no ser tan adecuados para ayudarte con sus rituales.

Ahora podemos pasar a la segunda técnica para hacer el ritual más permanente:

2. CREA RESPONSABILIDAD

Es imperativo que seas consecuente con los rituales y, por lo tanto, la coherencia es la clave. Y, para ser consecuente, debes ser responsable. ¿Qué hay que hacer para ser responsable? Hacer un seguimiento. El seguimiento te proporciona la evidencia necesaria para rendir cuentas. Te dará un registro de los éxitos y errores de tus rituales. Este registro creará conciencia y actuará como tu responsabilidad interna.

Hay varias maneras en que puede mantener de manera rápida y fácil un registro continuo de sus rituales. La primera son aplicaciones informáticas. También bolígrafo y papel. A veces, es una opción para mucha gente la naturaleza física del papel y el lápiz en sí, que el tacto del lápiz y los colores de papel realmente conecten con algunas personas y les lleve a ser más estrictos con sus rituales. Incluso lápices de colores. Te pondré el ejemplo de uno de mis desarrolladores web. Diego creó un calendario personal con cuadrados y triángulos y diferentes colores, aunque, cuando me lo explicó me pareció ininteligible, a él lo ayudó con tu ritual de hacer flexiones diarias, diferentes tipos de flexiones, invertidas, pectorales, y todas estas otras cosas. También hay hojas de cálculo y la aplicación Evernote.

El seguimiento es la responsabilidad interna, pero también se puede obtener la responsabilidad externa. Una forma es a través de un coach. Todos los deportistas de atletas de alto rendimiento, músicos, artistas, etc., tienen entrenadores determinados. Como estos mentores pueden ser costosos y difíciles de encontrar, debemos encontrar algunas alternativas para que puedas obtener algunos de los beneficios que te den esta responsabilidad externa. Aunque si crees que el coaching es algo que necesitas, busca un coach que se ajuste a tu personalidad y tus objetivos. Dos alternativas diferentes a cualquier coach son las aplicaciones Stickk y Nozbe, por ejemplo. Ambas se configuran como herramientas para establecer objetivos, pero simplemente puedes establecer tu objetivo para mantener tu ritual y que la parte externa provenga de una tarifa o una multa que debes pagar a una organización que no te gusta. Elijas lo que elijas, da igual si es una aplicación o una persona externa quien te esté asesorando, que te haga responsable.

Tu comunidad es otra opción fantástica para tener responsabilidad externa. Las comunidades te permiten estar cerca de personas con una mentalidad similar. Algunas tribus incluyen grupos de apoyo, clases, suscribirse a un blog o una revista que respalde tus rituales. Todas estas cosas son buenas porque compartir información con personas que comparten tu compromiso con tus rituales te harán sentir como la norma y cuanto más normal te sientas, más probable será que esos rituales sean parte de tu vida más pronto.

La razón por la que necesitas responsabilidad tanto interna como externa es la racionalización. Esa es la forma en que mueren la mayoría de los rituales, y es que piensas algo así como "mañana lo compensaré, realmente no tengo tiempo para hacerlo todos los días…". Cortemos esto de raíz: nunca cambiarás tu vida hasta que cambies algo que haces todos los días. John Maxwell dice que el secreto del éxito se encuentra en tus rutinas diarias. Cuanto más tiempo juegues al juego de la racionalización, tu ritual se convertirá en tu segunda naturaleza ritual durante más tiempo. Y queremos que estos rituales se conviertan en una segunda naturaleza, porque cuanto menos esfuerzo te cueste hacer algo, más poderoso serás. Así que haz un seguimiento y usa la autoevaluación. Si eso no funciona para ti, usa alguna responsabilidad externa del tipo coach o maestro. No pasa nada. Todos los mejores atletas, artistas y empresarios, tienen entrenadores.

Ahora que tienes algunos pasos reales para preparar tu entorno y crear más responsabilidad con tus rituales, vayamos a un nivel aún más alto.

3. COMPROMETE TU IDENTIDAD

¿Cómo hacer que tus rituales se queden contigo lidiando con tu identidad?

La forma en que te ves a sí mismo, tu identidad, afecta las decisiones que tomas, por lo que querrás verse a ti mismo como alguien que es capaz de mantener y hacer crecer una serie de rituales a largo plazo. Una manera de medir positivamente tu identidad es a través del lenguaje y las palabras que utilizas. Las palabras que eliges decir dicen mucho sobre tu identidad y determinan gran parte de lo que puedes lograr en la vida. Lo bueno es que solo se necesitan algunos pequeños ajustes en el idioma para comenzar a obtener los beneficios de tu nueva identidad con rituales de superhéroe. Así que hay que limitar el lenguaje, como cuando dices "tengo que hacerlo". Con eso realmente estás diciendo que sí, hay que hacerlo, pero no quieres hacerlo. "Tengo que" en realidad significa que tengo una obligación externa y a muy pocos de nosotros nos gustan las obligaciones impuestas desde fuera, ¿verdad? A tu cerebro desde luego que no.

Aquí van otros ejemplos que usan "tengo que" y luego hablaremos de lo que realmente significan.

- Tengo que pagar esta multa que me acaban de poner; no es nada agradable, pero bueno, la recurriré aunque no tengo razón y voy a darle pena al guardia o a quien sea a ver si me la quita.

- Tengo que despertarme temprano, aunque la verdad es que no me apetece nada, así que voy a echar la culpa al tráfico si no llego a tiempo.

- Tengo que entregar ese informe, pero no creo que sea importante, así que lo entregaré más tarde.

- Tengo que dar una gran presentación, pero estoy nervioso y la verdad es que me encantaría escaparme de ésta.

- Tengo que ir a recoger a mis niños, pero ya tengo mucho que hacer y mi esposo nunca los recoge, así que vaya él y a ver si aprende...

La verdad es que "tengo que" decirte algo: sí, eres víctima de fuerzas externas, como el gobierno, el jefe, tu cónyuge, o los niños que te obligan a hacer algo en contra de tu voluntad. Pero la culpa la tienes sólo tú. Eres la víctima porque no tienes control sobre la situación. O porque no quieres tenerla porque es demasiado para ti. O porque es más cómodo echar las culpas a los demás. Si no tienes control sobre la situación, después, a sabiendas o no, reduces o retrasas tus esfuerzos en un intento subconsciente por recuperar un poco de poder que se te ha quitado. Es mejor que superes esta resistencia subconsciente cuanto antes, cambiando "Tengo que" por "Yo elijo". En la mayoría de los casos estás eligiendo la actividad sobre las consecuencias. Cuando dices que eliges hacerlo, realmente estás diciendo que lo eliges de verdad, porque, realmente, esa es tu mejor opción ahora mismo.

Comprueba la diferencia:

- Elijo pagar la multa porque es mejor que al final pierda mi licencia de conducir... Y porque reconozco que no debería haber aparcado ahí.

- Elijo despertarme pronto, aunque no me guste, para ser responsable con lo que tengo que hacer.

- Elijo entregar el informe porque es importante para mi jefe y su opinión puede afectar mi carrera y mi trabajo.

- Elijo dar una gran presentación porque será beneficioso para la empresa y presentarla a esas personas va a hacer que aumente mis destrezas.

- Elijo recoger a mis hijos porque los amo y quiero llegar a casa cuanto antes.

Por mucho que no lo creas, la realidad es la siguiente: cuando eliges, estás en control. Puedes abandonar esa energía gastada pensando en cómo no deberías hacer algo y usarla para enfocarte en lo que está frente a ti, lo cual es construir un ritual fuerte. Así que no te sorprendas diciendo que "tengo que hacer mi ritual de la mañana". Siempre eliges hacerlo, porque conoces los beneficios que obtendrás a largo plazo. Lo mismo sirve si dices "no puedo". Ambas frases agotan y drenan tu fuerza de voluntad. Al decir "tengo que hacer mis rituales" o "no puedo hacer eso porque tengo que hacer que mis rituales" enmarcarán tus rituales como algo que no quieres hacer. Si sigues haciendo cosas que no quieres hacer, eventualmente te romperás porque mereces un descanso y, como es tu vida, probablemente merecerás un descanso, pero, lamentablemente, merecer un descanso es lo que eventualmente erosionará tu ritual. Si cambias de opinión diciendo que eliges hacer tu ritual para poder conseguir tu objetivo, se solucionará ese problema.

Y este merecimiento en realidad conduce a una de las palabras más furtivas que pueden hacer que tus rituales sean menos permanentes y fuertes. Esa palabra es "progreso". ¿A que es raro? Eventualmente lograrás un gran progreso al principio. Seguirás con tu ritual durante tres o seis meses y comenzarás a notar los beneficios positivos que ha tenido en tu vida, y luego notarás cuánto progreso has logrado. Esto es precisamente lo que puede ser contraproducente, porque la mayoría de la gente percibe el progreso como bueno. Y ya que has sido tan bueno, te has ganado el derecho de ser malo. Así que enfocarnos en el progreso que estamos teniendo, en realidad nos puede retener del éxito final. Es una cita de Kelly McGonagle de su libro *El instinto de la fuerza de voluntad*. Entonces, en lugar de pensar en el progreso, la solución rápida es que solo puedes notar lo comprometido que estás. Es decir, en lugar de decir, "he progresado tanto", puedes decir "qué bien que he estado tan comprometido con esto durante todo este tiempo". Problema resuelto.

Ya comprendes el efecto del lenguaje y las palabras, y cómo pueden ayudarlo a involucrar tu identidad, así como a evitar la desactivación de tu fuerza de voluntad, usando palabras como "elijo" en lugar de "tengo que hacerlo" y usar "estoy comprometido con" en lugar de "he progresado tanto con esto".

Hablemos de tu identidad en general, la postura que adoptas, las elecciones que sientas que te representen. Y sabes que una vez que hayas tomado una decisión o posición, encontrarás todo tipo de presiones personales e interpersonales para no comportarse de manera coherente con ese compromiso que quieres adoptar. ¿Eso es algo bueno o malo? Simplemente es. Esas presiones harán que respondas de maneras que justifiquen tus decisiones anteriores.

Un ejemplo increíblemente furtivo de esto fue un experimento que los psicólogos sociales Friedman y Frazier realizaron en los años sesenta. Un investigador que se hacía pasar por un trabajador voluntario iba de puerta en puerta preguntando si los propietarios de unas casas estarían dispuestos a poner un letrero muy grande y feo frente los patios de los propietarios. El cartel decía "maneje con cuidado". Comprensiblemente, la solicitud se rechazó con mucha frecuencia. Solo el diecisiete por ciento de las personas dijeron que sí. Sin embargo, había otro grupo de vecinos en un vecindario igualmente exclusivo de California, con los jardines igual de agradables, dijeron que sí setenta y seis por ciento de las veces. Entonces, ¿cuál fue el motivo de este aumento del trescientos cincuenta por ciento en la conformidad?

Bueno, la diferencia fue una simple técnica a pie de puerta, una técnica que se dirigía hacia la identidad de los grupos de la prueba. Este cambio de identidad se hizo dos semanas antes, cuando el segundo grupo de vecinos se comprometió con un gesto minúsculo, un compromiso con la seguridad del conductor que consistía en poner en una esquina de una de sus ventanas un cartel pequeño, similar al grande del primer grupo. La solicitud hizo que los propietarios pensaran en sí mismos como personas cívicas que se preocupan por la seguridad del conductor. Cuando al segundo grupo de vecinos se les pidió que hicieran el segundo acto de mentalidad cívica que tuviera que ver con la seguridad del conductor, poner el cartel grande y feo, accedieron. A pesar lo que les había costado tener el césped arreglado de la mejor manera, la mayoría de las personas eligió mantenerse consistente con su nueva identidad cívica y acordaron poner el horrible letrero en su jardín.

El motivo de esta coherencia es múltiple. Por ejemplo, puede que el vecino no desee que los demás consideren que tiene dos diferentes caras o admitir que una decisión anterior, poner el cartel pequeño en una ventana, podría haber sido un error. Sin embargo, la fuerza motriz detrás del tremendo deseo de los seres humanos de permanecer consistentes es menos obvia. La razón principal por la que uno prefiere seguir actuando consistentemente es que hacerlo te ofrece un atajo mental.

Déjame explicarte que una vez que hayas tomado una decisión sobre quién eres o en qué posición te enfrentas en un tema en particular, siempre y cuando te apegues a esa posición, ya no tendrás que pensar demasiado sobre ese tema. Puede que no te metas en un campo de pensadores perezosos, que no hacen nada más que pensar, pero el hecho es que evolutivamente nuestros cerebros están diseñados para ser avaros cognitivos. El pensamiento gasta energía y el cerebro siempre está buscando formas en que pueda ahorrar energía. Las decisiones u opiniones que tengas prefabricadas ahorran esa energía. Los rituales también ahorran energía. Ambos te permiten tomar medidas con una mínima cantidad de energía o de pensamiento.

Por lo tanto, antes de dejar esto de lado como si fuera una extraña excentricidad de la mente humana, tómate un segundo para imaginar un mundo en el que necesites tomar decisiones conscientes sobre todo lo que haces. Permíteme pintarte una imagen en particular: abres los ojos y te despiertas por la mañana; ¿qué vas a hacer después? ¿Te vas a levantar de la cama? ¿Cuáles son los pros y los contras de hacer eso? Se está tan bien bajo las sábanas que podrías quedarte allí un poco más, pero ¿hay otras cosas que podrías estar haciendo? Bueno, sí, podrías ir al baño, o tomar un trago de agua, o vestirte. Después de un tiempo decidiendo, determinas que, bueno, tal vez te levantes de la cama y te vistes. Lo haces y encuentras algunos pantalones en un armario. Bueno, ¿y ahora? ¿Te pones los pantalones en una pierna cada vez o intentas saltar en ambas perneras a la vez? Sería más fácil si te pusieras de pie en tu cama y saltaras con los pantalones en la mano e intentaras meterte en ambas piernas al mismo tiempo? ¿Y los zapatos? ¿Haces lo mismo con eso? Podríamos seguir así indefinidamente con cualquier cosa que hacemos sin pensar desde que nos levantamos.

Nuestra vida sería completamente abrumadora si tuvieras que pensar en cada decisión que tuvieras que tomar. Un reciente estudio de Duke dijo que el cuarenta y cinco por ciento de nuestras decisiones son en realidad inconscientes, así que con los rituales estamos tratando de hacer que pertenezca a ese 45 por ciento, es decir, que sea algo que realmente beneficie tu vida y que se haga de manera automática. Precisamente por esto es por lo que ciertos rituales pueden disparar tu vida y otros pueden enviarte por un camino oscuro, porque la toma de decisiones inconsciente agravará nuestras acciones con el tiempo. Estas acciones tienen agravantes que dan resultados a largo plazo. Entonces, ¿cómo podemos aprovechar esto? Imagina, piensa en ti mismo como un fanático de la vida saludable, esa es tu nueva identidad. ¿Cuántas decisiones tentadoras podrías evitar si tuviera esa identidad?

—¿Quieres ir a un restaurante de comida rápida?

—No, soy saludable, gracias.

—¿Te apetece un cigarrillo?

—No, por dios, yo soy un fanático de la vida sana.

—¿Quieres quedarte despierto hasta tarde viendo TV?

—¡De ninguna manera! La gente sana necesitamos mucho descanso...

O, por el contrario, ¿cuántas decisiones positivas serían más fáciles de tomar? "¿Quieres salir de la cama y salir a correr?" "Por supuestísimo que sí, ¡me encanta!" Pero también hay presiones externas adicionales que te brinda tu identidad: "¿Estuviste en el gimnasio ayer?", te pregunta tu compañero de gimnasio, "no te vi hoy, pensé que eras muy deportista...". Tu identidad es la base de una gran cantidad de decisiones que tomas todos los días. Modificar o retocar tu identidad es como ponerte en un círculo ritual gigante. El marcador, la rutina, la recompensa y las herramientas de recompensa, una y otra vez.

Un marcador es una decisión sobre un área de tu vida. Tu rutina podría estar haciendo referencia a lo que alguien podría hacer. La recompensa refuerza tu sentido de identidad. Y las herramientas son solo un tipo de mentalidad tamizada. Puedes convertirte en alguien que tiene un ritual de ejercicio determinado y estricto. Sin embargo, sería un error intentar cambiar demasiado rápido, y es por ello que es importante continuar con la última técnica necesaria para que tus rituales sean permanentes, perpetuos y automáticos.

4. AGREGAR ALGO DE TIEMPO

Maxwell Malts era un cirujano plástico en los años cincuenta que comenzó a notar un patrón extraño entre sus pacientes, y es que tardaban al menos veintiún días para acostumbrarse a su nueva nariz o brazo amputado. Él dijo que estos cambios en la apariencia física y en muchos otros fenómenos comúnmente observados mostraban que se requiere un mínimo de veintiún días para que una imagen mental antigua se disuelva en una nueva. El doctor Malts incluyó esta idea en su libro *Psycho Cibernetics*, vendió más de veinte millones de copias y algunas otras personas influyentes que leyeron ese libro, como Zig Ziglar, Tony Robbins y Brian Tracy, luego difundieron esa falacia de forma mundial, que se necesitan veintiún días para que se forme un nuevo hábito, y así se generó un nuevo modelo mental.

Se han necesitado más de cincuenta años, pero finalmente en el 2009, el *European Journal of Social Psychology* puso a prueba ese mito de la construcción de hábitos con noventa y seis voluntarios que eligieron llevar a cabo diferentes actividades conductuales como cambiar hábitos de comidas, bebidas, etc., en el mismo contexto y cada día. Por ejemplo, después de desayunar harían diez flexiones. Y lo hicieron durante doce semanas. Al final del estudio se descubrió que, dependiendo de la dificultad de la persona, las circunstancias, formarse un hábito o un ritual puede tardar entre dieciocho y doscientos cincuenta y cuatro días y que se quede arraigado como en una segunda piel. El promedio de tiempo real que ese estudio determinó para que un hábito se constituya de manera firme, fue de sesenta y seis días.

Para superar esa falacia de 21 días, nos gustaría quepensases en automatizar tus rituales no en términos de días, sino en términos de repeticiones. Cada vez que realizas tu ritual te estás acercando cada vez más al punto en que sea automático.

Como pasó en el estudio mencionado, el ritual de cada persona y circunstancia es diferente, por lo que no se puede saber cuánto tiempo tomará antes de llegar a ese punto de automaticidad. Sin embargo, puedes saber cuándo tu ritual está en piloto automático. Básicamente si cuando no realizas el ritual te sientes raro, el ritual que estás instaurando está en piloto automático. Cuando tus rituales están arraigados, no tienes que pensar en ellos. Es entonces cuando puedes comenzar a introducir nuevos rituales o agregar más rutinas a tus rituales actuales. Mi rutina matutina tiene diez pasos. Me llevó meses y cientos de repeticiones llegar a ese punto. Comenzó con solo hacer mi cama y beber un poco de agua.

Por todas estas razones debes evitar agregar demasiados rituales demasiado rápido, al igual que una lupa puede prender fuego a un trozo de papel si está bien enfocado. Si la lupa está desenfocada sobre el papel, el sol no suele encender pedazos de papel en el fuego. Hay que mantener el foco en un ritual en particular hasta que se encienda y luego podemos pasar al siguiente, al siguiente, y al siguiente.

Ten siempre en cuenta que el lapso de tiempo para que tu ritual sea fijo podría ser mucho mayor que veintiún días. Lo que me gustaría que hicieras para aprovechar lo que acabas de aprender en este capítulo es que tomes el ritual actual que tengas y lo hagas permanente, alterando tu entorno, canalizando tu responsabilidad, interna o externa, comprometiendo tu identidad, y teniendo en cuenta el tiempo que te puede llevar. Debes tener en cuenta las dificultades, en dónde te encuentres tal vez o las circunstancias en que te encuentras.

Más adelante repasaremos todos los elementos que puedes hacer a tu ritual para se convierta en una acción fija y automática.

En el siguiente capítulo hablaremos de cómo resucitar aquellos rituales que una vez quisiste incorporar a tu vida, pero perdiste en el camino. Puedes pasar la página ahora o trabajar un poco sobre el comportamiento que desees automatizar. ¿Te imaginas realizando tu ritual siempre y sin esfuerzo? ¿Por qué no repasas los cuatro pasos para hacer un ritual automático?

4
RESUCITA RITUALES QUE NO FUNCIONARON

Siempre es posible retomar buenas costumbres que por una cosa o por otra se terminaron perdiendo. Y quien dice buenas costumbres, dice también buenos rituales. Un ritual perdido en tu pasado que puedes recuperar para que sea más fuerte y resistente que nunca. A nadie le interesa lo débil y delicado, ¿verdad? Lo mejor es que puedes recuperar esos rituales sin ninguna culpa por tu parte. Se hace exponiendo ese ritual olvidado o cualquier ritual que quieras a tres técnicas adicionales: uno, **encontrar y eliminar la tirantez o desavenencia** que hace que sea más difícil para ti realizar los rituales; dos, **administrar tus niveles de energía** para que tengas la resistencia para tomar medidas en tus rutinas de manera consistente, y tres, **asumir la responsabilidad** de tu ritual de una manera que no permita que las circunstancias externas o las conversaciones negativas se interpongan en tu camino. Y si no quieres recuperar ningún ritual, lo que vamos a hacer es perfeccionar los que ya estés trabajando.

Francamente, esta parte es muy emocionante. Como no conoces la fuerza de un método hasta que lo has probado, desde aquí te pido que eches un vistazo a lo que has aprendido y que pongas tus rituales a prueba, para reforzar sus puntos débiles y darte otra oportunidad. Es importante recordarlo ahora mismo, especialmente en un momento en que puedes sentirte mal contigo mismo, porque no somos productos terminados, somos seres humanos. Puede que te encuentres retocando y ajustando tus rituales durante bastante tiempo, y eso está bien. De hecho, los seres humanos son más felices cuando están alcanzando su máximo potencial. Tus rituales crecerán contigo a medida que crezcas. Hagámoslos perfectos.

1. ENCONTRAR Y ELIMINAR LA TIRANTEZ O MALESTAR DE LOS RITUALES

Esa fricción o desavenencia es lo que se interpone entre los rituales que deseas en tu vida y tú. Para encontrar lo que arrastra tus rituales al desánimo y abandono, hay que bucear en una de estas tres áreas: tu gente, sus lugares o tú mismo.

Comencemos con tu gente. Ya hemos hablado sobre tu gente al canalizar la responsabilidad y canalizar la identidad de hacer un ritual, y volvemos a hablar de ello aquí ahora porque las personas que más ves siempre establecen los estándares para lo que es apropiado. Nuestra ascendencia tribal nos ha capacitado para cumplir con la norma y conformarse de esta manera; no tiene sentido luchar contra ella. Durante los últimos doscientos mil años, los humanos hemos vivido en bandas tradicionales de cincuenta a cien personas, y si no encajamos, podríamos ser expulsados. Y si nos echan, morimos. Así que hemos evolucionado para no destacar, sobresalir o ser diferentes. Sin embargo, muy recientemente, la sociedad ha empezado a cambiar. La cultura "Piensa diferente" que creó Steve Jobs ahora se celebra. Entonces, ¿cómo superamos nuestros miedos biológicos para que podamos tener más éxito en nuestra sociedad actual que nos recompensa por sobresalir y ser diferentes? Una cosa que te ayudará es cambiar tu gente. Decide y avanza firmemente hacia grupos de personas que comparten tu determinación de mejorar, y aléjate de aquellos que están a tu alrededor, que están estancados o incluso retrocediendo.

El ejercicio de la búsqueda de tirantez, que conlleva un efecto en la red de rituales, te permitirá hacer eso.

Es simple. Todo lo que tienes que hacer es escribir una lista de las cinco o seis personas con las que pasas más tiempo. Ponlos en dos apartados: crecen o decrecen. Si esas personas están creciendo, se quejan poco, tienen fuerza para conseguir lo que se proponen, etc., es increíble. Tu red de personas es fuerte y la tirantez o malestar probablemente no provenga de tu grupo social. De lo contrario, debes comenzar a reemplazar a los miembros de tu tribu que no sean solidarios, invirtiendo más en nuevos tipos de personas y relaciones que estén en crecimiento. Esto podría requerir salir a la calle y hacer planes de manera proactiva. Un ritual que tengo con mi pareja es programar una actividad divertida cada fin de semana con amigos que nos hagan crecer, desafiarnos y hacernos sentir bien. No solo nos permitimos mantener personas positivas en nuestras vidas, sino que cada semana tenemos algo nuevo que hacer. Es alrededor del miércoles cuando comenzaremos a pensar en todas las cosas divertidas que queremos o podemos hacer, ir de excursión o visitar el museo, o hacer un viaje a las montañas, ir a esquiar tal vez o andar en bicicleta de montaña, dependiendo de la temporada. Y planear tu diversión en tu vida es una forma fácil de comenzar a hacer que tus relaciones principales sean relaciones que crezcan, lo que a su vez reducirá la tirantez y malestar social de hacer crecer tus rituales. Esa tiene que ser tu verdadera gente y entorno de relaciones. En la segunda parte de este libro encontrarás una guía de referencia para agregar y quitar gente de tu vida y decidir qué planificar los fines de semana.

Después de las personas que tienes alrededor, otra área donde puedes encontrar malestar y tirantez para llevar a cabo tus rituales es tu entorno y lugar físico. Ya hemos alterado tu entorno en el capítulo anterior aprendiendo a hacer tus rituales automáticos. Ahora es el momento de caminar por tu entorno con un peine de dientes finos, es decir, prestando atención y con ojo avizor a cualquier cosa que pueda destruir e interrumpir tus rituales. Este es un ejercicio de dos días y lo llamamos el Paseo Ritual. Lo volveremos a comentar en la segunda parte, pero vamos a realizarlo ahora mismo.

En el primer día de este recorrido ritual, vas a ganar una mayor conciencia sobre tu entorno. Lo harás a lo largo de un día normal en tu vida. Haz lo que haces normalmente pero prestando atención a lo que haces. Cada vez que notes algo que pueda distraerte de uno de los rituales que intentas construir, anótalo en una pequeña tarjeta. Podría ser un televisor en tu habitación. Es un error en tu ritual nocturno. O los avisos por correo electrónico en tu teléfono, que hacen que tu ritual de la mañana sea más difícil. O que se abran ventanas en tu navegador mientras trabajas, lo que hace que llevar a cabo un ritual para tener más tiempo ininterrumpido sea casi imposible. Durante este primer día de tu Paseo Ritual tu trabajo no es arreglar lo que está mal, sólo es para saber qué está mal y cuidar de todo lo que tengas alrededor que pueda ser un problema a la hora de llevar a cabo tus rituales. Muchas veces serán notificaciones digitales. Es a la mañana siguiente cuando pensarás en formas de sacar estos distractores de tu campo de visión, de audición o incluso de olfato. Por ejemplo, si todos los días entras, por una razón u otra, en un Dunkin Donuts y dentro de tu ritual hay una parte que es no comer dulces, entonces, ya sabes cuál va a ser el problema que hay que eliminar (entrar allí). Así es como tienes que revisar tu entorno con detalle para asegurarte de que sea totalmente compatible con tus rituales. Y si tienes algún problema con esta parte, mándame un email y te daré más ideas para que soluciones los problemas.

Después de encontrar el posible malestar que te puede causar la gente que tienes alrededor y los lugares por los que transitas, profundicemos en ti mismo. No podemos cambiar hasta que nos conozcamos a nosotros mismos. Puede sonar obvio, pero es un paso que muchos de nosotros omitimos cuando hacemos planes y establecemos nuevos rituales. Nos ponemos a ello, lo que queremos, pensamos en nosotros, lo que nos gusta hacer, lo que se haga con facilidad, lo que podemos controlar, y entonces fracasamos porque tratamos de cambiar un ritual de una manera que no nos conviene. Sin embargo, si comenzamos a identificar los aspectos clave de nuestra naturaleza, podemos adaptar un ritual a nuestras idiosincrasias particulares y aumentar la probabilidad de que nos apeguemos a nuestros nuevos planes.

Te daré un ejemplo. Una amiga mía quería crear un ritual para cocinar más. Pero a pesar de que le gustaba pasar tiempo en la cocina cocinando deliciosos platos saludables, no podía hacerlo, porque decía que no tenía todo el tiempo que se necesita para cocinar, todo el proceso de saber qué comprar, cómo cocinarlo, etc., etc. Así que le hice una simple pregunta a mi amiga: ¿Alguna vez has tenido éxito con este ritual en el pasado? Por supuesto que sí. Ella había vivido con una compañera de piso que amaba ir al mercado, pasar tiempo allí, hablar con los tenderos, comprar comida fresca y cocinarla. Ahí estaba la revelación. Fíjate todo lo que hacía esa compañera antes de empezar a cocinar. El hecho de cocinar no era lo importante. Lo importante era ir a comprar, porque mi amiga no tenía tanto tiempo para ir a comprar. Entonces hizo lo posible para que le llevaran la comida a casa y así tener más tiempo y energía para preparar las comidas en casa. De hecho, te animo a que dejes de leer y presiones el botón de pausa en este momento: piensa en un momento particular del pasado en el que hayas intentado mantener un ritual con el que estuviste luchando para sacarlo adelante. ¿Qué era lo que te costaba de verdad? ¿Y cómo haría ese ritual otra persona? ¿Qué haría diferente? Esa diferencia contigo podría ser tu malestar y punto de tensión con el ritual.

Ahora bien, no todos los rituales son algo innato para cada persona. Es decir, no todos los rituales, yo diría que la mayoría, no son de tu propia naturaleza. Si fuera así, sería más fácil que los rituales se instauraran automáticamente en tu vida, ¿no? Por ejemplo, eres una persona que quiere hacer ejercicio, y, francamente, todo el mundo debería querer lo mismo, pero todavía no has encontrado la manera de que te guste ir al gimnasio. ¿Qué haces? Es hora de dejar de aceptar ese consejo principal que parece que funciona para la mayoría de las personas. Todos hemos escuchado los argumentos a favor de hacer ejercicio tan pronto como te despiertes, que las mañanas son predecibles, que en cuanto lo hagas te lo quitas de encima y simplemente terminas con eso, y que disfrutarás de un mayor y mejor estado de ánimo, con un impulso de energía todo el día. Bueno, todo esto podría ser cierto para las personas que se despiertan con energía. El mundo está lleno de otros tipos de personas que apenas se despiertan a tiempo para ir al trabajo. Mi hermana realiza un ritual de yoga por la tarde-noche, a las ocho o nueve de la tarde. Si intentara levantarse a las seis de la mañana para hacer lo mismo, fallaría siempre. El punto es descubrir qué funciona para ti.

Algunas personas lo hacen mejor cuando comienzan con pasos pequeños, otras cuando van siempre a lo grande. Mientras que algunas personas necesitan sentir que deben rendir cuentas, otras desafían la responsabilidad. Y otros prosperan cuando paran tienen descansos ocasionales. O cuando nunca se detienen ni rompen la cadena. ¿Qué sabes sobre ti que podría ser ese malestar o tirantez contra la que estás trabajando? Si no estás seguro, es hora de romper los tubos de ensayo y empezar a experimentar. Encontrar esa fricción que te impide llevar a cabo tus rituales será un desafío. Podría llevarte algunas rondas de experimentos antes de que veas y sientas cómo te desempeñas mejor. Pero una vez que tengas esa información, puedes usarla para prepararte para el éxito todo el tiempo.

Encontradas las tiranteces y desavenencias, hay que seguir adelante. Ya hemos analizado el malestar con tu gente, entendiendo tu red de relaciones, su efecto, cómo moverte a una red de relaciones más poderosa, si es necesario, la importancia de los lugares de tu entorno, el Paseo Ritual caminando, para asegurarse de que no haya cualquier tipo de señales que puedan desviarte del camino, y también analizándote a ti mismo, mirando hacia atrás en un momento en el que hayas tenido un ritual y experimentar para descubrir qué funciona mejor para ti. Porque, ¿sabes qué? Eres una persona única.

2. CÓMO ADMINISTRAR TU ENERGÍA

Si te encuentras con que no tiene la energía necesaria para realizar tus rituales, asegúrate de que tus necesidades básicas de salud estén en orden. A saber: dormir lo suficiente, mantener una dieta saludable, mantener tus niveles de estrés bajo control y hacer suficiente ejercicio físico. Necesitas darle prioridad a tu cuerpo y a tu mente. No puedes operar a todo tu potencial si te olvidas de los entrenamientos, de comer para estar en forma y trabajar hasta altas horas de la noche los siete días de la semana si es necesario. Esto no es opcional. Tu cuerpo alimenta tu mente y ambos alimentan tu potencial. Los rituales que mantienen tu mente y cuerpo son los más importantes, especialmente si te sientes con falta de energía día a día. En la segunda parte profundizaremos en una serie de rituales que te ayudarán a mantener la mayoría de cuatro áreas críticas: rituales y rutinas para la mañana y la noche, para dormir mejor, meditación para mantener el nivel de estrés a raya y hacer ejercicio. Otros rituales que impulsan la energía son el juego programado, la respiración abdominal y las comidas ritualizadas, algo desarrollado en la segunda parte con rituales relacionados con la dieta.

Un ritual potente puede ser tan simple como preparar el almuerzo para el día. Todos sabemos cuál es la sensación después de comer alimentos grasosos o refrescos azucarados. Estas comidas rápidas hacen que los niveles de energía caigan en picado por la tarde, así que realicemos un ritual para preparar un almuerzo saludable la noche anterior, para que no tengamos que depender de esas comidas rápidas o de los productos de las máquinas expendedoras para terminar el día con energía. Ya tenemos las cuatro partes que forman el ritual, así que repasémoslas para hacer el almuerzo del día. Una, tu marcador. Esto podría hacerse en cualquier momento. Me gusta apilar marcadores siempre que puedo, así que solo digamos que el marcador para este ritual va a ser después de la cena. Segundo, la rutina: envasa el almuerzo y los snacks que vayas a merendar durante el día. Prepara la ensalada de pollo, corta algunas zanahorias, pon el hummus en una bolsita, el yogur griego para la tarde, y luego tu recompensa, que puede ser vino, otro postre, leer un buen libro o tal vez ver tu programa de televisión favorito. Pero busca una recompensa que te motive para llegar al final de la rutina. Y tus herramientas pueden ser los envases que vas a utilizar para guardar la comida, y asegurarte de que tu almuerzo se haga con cosas saludables, por ejemplo, que tengas antes en tu lista de la compra. Este es solo un ejemplo de un ritual que puedes crear para asegurarte de que tienes la energía que necesitas durante todo el día. Asegúrate de priorizar siempre los rituales que mejoren tu bienestar físico, especialmente si tienes bajo tu Departamento de Energía.

Otra cosa a tener en cuenta es que los rituales agregan algo a tu vida constantemente. Esto significa que es posible que debas sacar algo de tu vida para que haya espacio. Quizás te guste ver las noticias matinales, y sin embargo no tienes tiempo para verlas, como para meditar y hacer un diario. Asegúrate de que si realmente te gustan tus viejos rituales y hábitos, guárdalos. Pero si no crees que te están ayudando a avanzar en la dirección que deseas que tome tu vida, saca esos rituales y reemplázalos con nuevos rituales más valiosos. La última preocupación a tener en cuenta con la administración de energía sería no saber por dónde empezar, lo que puede llevar a que se inicien demasiados rituales al mismo tiempo.

Como ya te he dicho antes, mi ritual favorito es el de la mañana. Comenzar con un solo ritual te dará el enfoque necesario en un solo lugar donde debes poner toda tu energía. Además, esto te enseñará lo que se necesita para que los rituales sean exitosos en la vida real y te dará el impulso para agregar nuevas rutinas al ritual que estés implementando o crear rituales adicionales. A menos que priorices ciertos rituales físicos o mentales, la verdad es que no importa mucho por dónde comiences. Puede ser un ritual de la mañana y un ritual vespertino como usar el hilo dental. Si estás en esto a largo plazo y comienzas a implementar el *Método Ritual*, de tres a cuatro años a partir de ahora, tendrás tantos rituales potentes en tu vida que casi no te acordarás de lo que hacías sin ellos. El hecho de que hayas comenzado con un solo ritual unos meses antes que el otro, apenas importará. La idea de comenzar con un ritual e ir aumentando el "momentum" a base de apilar los éxitos que vayas consiguiendo, se identifica con una idea que surgió de Bill Gates, a la que llamó Espirales de Éxito. Gates escribió sobre esta idea por primera vez en su libro *The Road Ahead*, al describir cómo fue capaz de construir y aprovechar sus éxitos anteriores. Después del éxito de Microsoft DOS, construyó Word, luego Windows, luego Windows noventa y cinco, luego la hoja de cálculo Excel, luego todo el paquete Office, y así sucesivamente. Llamó a cada una de estas victorias sucesivas "espirales de éxito". No hay que empezar la casa por el tejado o ir directamente a lo grande. Siempre puedes comenzar con un sistema operativo básico como DOS y crecer desde ahí. Así es la gestión de la energía. Se trata de priorizar los rituales que optimizarán tu sueño, tu dieta, tu estrés y tus niveles físicos, mientras eliminas los viejos rituales para dejar espacio a lo nuevo, comenzar con un único ritual y a partir de ahí esperar a que se genere el impulso que haga el ritual tan fuerte que necesite de más comida. Y no te olvides de la importancia del tiempo, tal y como hablamos en el capítulo anterior. Algunos rituales pueden durar hasta doscientos cincuenta y cuatro días antes de que sean una parte inconsciente de tu vida. Dicho esto, ahora pasémonos a la última sección para resucitar sus rituales.

3. ASUMIR LA RESPONSABILIDAD

Es fácil señalar con los dedos a los demás y jugar a ser la víctima o esperar que alguien más resuelva sus problemas. Tu hijo te mantuvo despierta o despierta toda la noche; tu cónyuge te pidió un favor justo cuando te dirigías al gimnasio; tus vecinos pusieron música rock a todo volumen mientras tú intentabas meditar, etc., etc., etc. Pero así no es como funcionan los rituales. Los rituales requieren de responsabilidad personal. Como la mayoría de las personas, crecí escuchando un montón de cosas sobre ser responsable. "Tienes que ser más responsable" fue una frase demasiado común que mis padres pronunciaban desde mis quince hasta los veintiún años. Sin embargo, la primera vez que la idea me impactó realmente fue durante una clase en la universidad. Fui profesor de educación secundaria durante varios años y mientras trabajaba en mi máster, nuestro tutor nos preguntó a un grupo de aspirantes a maestros qué porcentaje de responsabilidad teníamos en el éxito de nuestros alumnos en el aula. Algunos alumnos dijeron que la responsabilidad era del cincuenta-cincuenta, la mitad era nuestra responsabilidad como profesores y la otra mitad eran los padres o la administración o los propios estudiantes. Otros alumnos dijeron que la respuesta era del cincuenta y uno por ciento, porque siempre tienes que estar dispuesto a hacer más que otras personas. El profesor asintió con la cabeza y enseñó la respuesta que tenía escrita en una pizarra oculta: un gran cero por ciento. Él dijo que tienes que estar dispuesto a dar el cien por ciento sin ninguna expectativa de recibir nada a cambio. Solo cuando estés dispuesto a asumir un cien por cien de la responsabilidad de hacer que tu clase funcione, lo hará. De lo contrario, la clase siempre será vulnerable a fuerzas externas. Esa idea de aceptar la responsabilidad del cien por ciento de todas las partes de mi vida realmente me impactó y se quedó conmigo hasta el día de hoy.

Analicemos la palabra "responsabilidad". Viene del latín *responsum*, una forma del verbo responder o dar correspondencia a lo prometido. Por eso decimos que es la habilidad de responder, o, lo que es lo mismo, la capacidad de elegir tu respuesta. Así que no pases la culpa a otras personas o circunstancias externas. No es cuestión de tus hijos, padres, cónyuge, o de tu médico, la escuela o tu educación. Tú eliges no realizar uno de tus rituales. La decisión te pertenece. Aprende de ello. Sé mejor debido a esto. Eso es lo que estás haciendo aquí ahora, estás encontrando esos puntos débiles y reforzándolos. Ahora quiero bombear los frenos aquí un poco. Tu comportamiento es el producto de sus elecciones conscientes. Sin embargo, asumir la responsabilidad no significa ser uno mismo si no toma las decisiones correctas. De hecho, eso es lo contrario de lo que deberías hacer. Un gran peligro para los rituales es el efecto "qué demonios". Echas de menos un día, qué demonios, ya arruiné mi semana. El «qué demonios» se puede mitigar dramáticamente al no caer en ti mismo cuando no cumples con tus propias expectativas. Estudio tras estudio muestran que los altos niveles de autocrítica están consistentemente vinculados a una menor motivación y un peor autocontrol. Un ejemplo de esto fuera de los rituales puede ser cuando rompes una dieta. Te comes una rosquilla y luego dices, qué demonios, rompo mi dieta, es hora de doblar. Es completamente irracional, pero la mentalidad está parcialmente alimentada por la culpa que sentimos al romper la dieta en primer lugar. Esa sensación de odio a uno mismo en realidad conduce a un círculo vicioso de ti tratando de hacerte sentir mejor comiendo otro placer. Una forma de romper este sentimiento de remordimiento es perdonarse después del primer bocado de helado, pastel de donuts, lo que sea, dígase a sí mismo que está bien que coma esa golosina, y volverá a subir al caballo. Y si tiene problemas con esta idea, piense, no, no puedo hacer esto si no soy duro conmigo mismo, ¿no?, si no me castigo esta vez, ¿por qué iba a volver al ritual en primer lugar?

Entonces, si piensas en eso, piensa en cómo tratarías a alguien que simplemente dejó pasar un ritual. ¿Serías como "Oh, eres inútil, apestas, ¿cuántas veces has fallado en el pasado?" No, no, no lo harías. Tú dirías "hey, sucede lo mejor de nosotros, traigamos la tormenta de alguna manera para asegurarnos de no caer en las mismas trampas que hicimos la última vez". En primer lugar, juzgaría todo lo que fuese genuinamente curioso acerca de cómo puede mejorar y encontraría las razones detrás del fracaso para que pudiese mantener el ritual, para que pudiese ayudar a tu amigo a mantener el ritual. Esa es la mejor forma de avanzar. Y esa es la responsabilidad ritual: poseer los rituales y aprender cómo puede responder mejor la próxima vez, mientras es compasivo consigo mismo.

Ahora hemos cubierto bastante en esta sección, yendo un poco por todos lados. Tenemos que encontrar tu fricción con tu gente, tus lugares y contigo mismo, administrando tu energía y tu responsabilidad ritual. Y debido a eso, hemos puesto todos estos diversos ejercicios que puede hacer, en un sencillo P.D.F. en la sección de Recursos. Para que pueda imprimirlo o usarlo en tu computadora, y lo ayudará a resucitar cualquiera de estos rituales perdidos que tenga, y el último módulo cubrirá los rituales en el camino, que es otra gran pieza importante del rompecabezas, que debe tener en tu lugar para asegurarse de que pueda crear rituales que durarán el resto de tu vida, y continuará ese compuesto y efecto positivo. Así que gracias por sintonizar y lo veré en el próximo capítulo.

5
MANTÉN TUS RITUALES
CUANDO ESTÁS VIAJANDO

Bienvenido a este último capítulo de la primera parte más teórica del *Método Ritual*. Espero que hayan disfrutado el viaje y felicidades por llegar tan lejos en tu lectura. Sé que estarás muy feliz con los resultados. Aquí vamos a hablar de cómo usar los rituales que tenemos cuando estamos de viaje, por qué es importante hacer sus rituales mientras viaja, cómo mantener sus rituales en funcionamiento sin la ayuda de sus marcadores físicos en el entorno familiar, y algunos trucos y consejos sobre las estrategias que puedes hacer para asegurarte de que sus rituales continúen siendo óptimos mientras viajas.

Para empezar, hagamos una rápida actualización. ¿Por qué? Porque quiero que según avanzas en la lectura, tengas siempre claro la teoría básica. Así que, ¿cuáles son los ingredientes de cada ritual? Hay cuatro de ellos: marcador, rutina, recompensa y herramientas. Ya los tienes. Estupendo. Los marcadores tienen ese punto de activación que te hace comenzar la acción. La rutina es la serie de pasos de tu ritual. La recompensa refuerza el ritual y las herramientas son lo que necesitas para completar el ritual.

Volvamos a hablar de los marcadores por un segundo. Cuando estamos en casa, tenemos muchos marcadores para mantenernos y ubicarnos y mantenernos alineados con nuestras rutinas y rituales. Hay despertadores y elementos familiares alrededor nuestro que podemos tocar, sentir, ver y escuchar para recordarnos lo que se supone que debemos hacer a lo largo de la mañana o en cualquier otro momento. En mi caso, siempre tengo a mano una pizarra y un borrador que puedo ver, una cafetera automática que puedo oler, sonidos de calendarios electrónicos para recordarme cosas. Esas vistas y sonidos se han convertido en una hermosa sinfonía de sensaciones gloriosas. Pero cuando dejo mi entorno hogareño es cuando me meto en problemas. Y si a ti te pasa lo mismo, no estás solo.

Cuando he realizado encuestas de satisfacción a nuestros clientes, descubrimos que viajar es una de las principales razones por las que las personas no pueden mantener sus rituales durante un período prolongado de tiempo. Tiene sentido, porque igual que hemos hablado de resucitar marcadores, también puedes perder en algún momento algunas de las herramientas que necesitas, lo que lleva a que tu ritual se desinfle. ¿Cómo voy a hacer un viaje de negocios durante una semana si no puedo llevar mi cafetera conmigo, esa cafetera que me motiva para terminar mi ritual matutino…? ¿Y si no tengo mi pizarra a mano? Como me falta mi marcador, no tengo mi herramienta principal, las ruedas de mi ritual pinchan inmediatamente, y sin unas ruedas con la presión justa, uno tiene muchas dificultades para conducir al trabajo, a menos que tengamos ruedas de repuesto u otro medio de transporte como una motocicleta. ¿Y si hacemos eso con tus rituales? Hablaremos de algunas estrategias para llevar las ruedas con nosotros en cualquier camino que hagamos fuera de casa.

Antes de comenzar, quiero mencionar un beneficio oculto de practicar tus rituales en cualquier viaje fuera de casa. Es el hecho de que ejecutar los rituales en diferentes entornos tiende a hacerlos más fuertes y más resistentes. Ocurre algo similar cuando aprendes un nuevo idioma. Cuanto más contexto tienes para practicar nuevo vocabulario que has aprendido, más fuertes se vuelven las conexiones neuronales en tu cerebro. La esencia es que estás poniendo a prueba los rituales que has creado para asegurarte que se mantienen en diferentes ubicaciones. Esto los hace más duros, permanentes y anti-frágiles, y de la misma forma que te animas y excitas antes de viajar es estupendo que tengas la oportunidad de ejecutar tus rituales mientras viajes, superando la prueba de estrés de diferentes condiciones ambientales. Descubramos entonces cómo 1) **mantener tus rituales en funcionamiento sin tus marcadores estándar** y, 2) **asegurarse de tener las herramientas que necesitas durante el viaje.**

1. UN SISTEMA DE MARCADORES ALTERNATIVO

Mantener los rituales en forma durante un viaje requiere que realices un poco de trabajo de preparación para cada viaje. De hecho, el noventa y cinco por ciento de los rituales durante un viaje es el camino conocido: **preparación, planificación y estrategia.** La planificación comienza con una recopilación de tu itinerario básico. Pregúntate ¿qué tipo de viaje es este? ¿Es un viaje de negocios o unas vacaciones o algo intermedio? ¿Lo que vas a hacer durante el viaje va a conllevar un alto estrés o más relajante y fácil de llevar? Luego empieza a hacerte preguntas más detalladas. ¿A dónde es el viaje? ¿Qué zona horaria hay allí? ¿Cuáles son mis fechas de viaje? ¿Cuántos días y noches? ¿Me quedaré en el mismo lugar todo el tiempo? ¿Qué actividades tengo que hacer y qué eventos tiene el programa del viaje? ¿Cuáles son algunos tiempos que va a durar el viaje o trayectos que debería considerar? Esto incluirá cualquier cosa, desde vuelos a trenes, o transporte en bus, coche, taxi, etc. Es decir, el tiempo total del viaje debe considerarse.

Con esta información básica a mano puedes organizar fácilmente el esquema de tu viaje, de una manera que te dé una pista clara de dónde te encuentra y cuánto piensas estar. Para hacerlo, saca una sola hoja de papel y, en la parte superior, escribe la descripción general del viaje. Al lado de eso escribe, ¿qué tipo de viaje es? ¿De negocios o de placer? Te comento un ejemplo que hice recientemente y que era un poco de ambos. ¿Dónde? A Buenos Aires, Argentina. Las fechas, del 13 al 22 de marzo, y me quedaré, once días y diez noches. Con esa descripción general escrita, desarrolla lo que sucederá cada día de tu viaje. Incluye los tiempos de viaje y otras obligaciones en tu itinerario básico y luego preséntalos en orden secuencial.

Al numerar y marcar con viñetas cada punto, hay que estimar cuánto tiempo esperas que tome cada una de las obligaciones. Al calcular, asegúrese de tener en cuenta la Ley de Hofstadter, que dice que todo siempre lleva más tiempo de lo que se espera, incluso cuando representa la mitad de la ley de Hofstadter. Por ejemplo, Google Maps dice que debería llevarme unos veinte minutos llegar desde el aeropuerto a mis combinaciones, así que voy a poner una hora. Eso es más realista y tendré menos estrés cuando las cosas inevitablemente tomen más tiempo de lo que deberían. El primer día llego a una hora determinada y tengo bastante tiempo hasta llegar a mi destino, entonces, ¿qué voy a hacer cuando llegue por primera vez? ¿Tengo algún plan inmediato o un poco de tiempo de inactividad para hacer el trabajo de voz o mi ejercicio matutino? Salir a andar o a echar una carrera a menudo es una gran manera de ver algunos lugares y orientarse en una nueva ciudad.

Así que planifica tus días uno a uno, no al minuto, sino general. Una vez que estés satisfecho teniendo en cuenta todos los grandes bloques de tiempo que tengas, revisa tu esquema en el papel y juega con los rituales que encajarán en la mezcla. En mi caso, me quedaré despierto el viernes por la noche para salir con los amigos, probablemente deba acortar mis rituales nocturnos para poder ir a la cama a tiempo y hacer mi rutina matutina completa al día siguiente, que me ayudará a estar fresco el resto del día siguiente. Ese es un tipo de diálogo que tendrás contigo mismo. Incluso con mucho ajuste, se puede dar el caso de que no tengas tiempo para hacer todos tus rituales en un viaje particularmente repleto de actividades. Si no puedes eliminar o truncar otras obligaciones, selecciona primero los rituales que sean una palanca más fuerte, es decir, los rituales fundamentales para lo que quieres conseguir o que mejor resultado te dan, y luego trunca y elimina los rituales menos importantes según sea necesario. Será un acto de equilibrio, pero con este tipo de planificación proactiva, tomarás decisiones en lugar de que las agendas de otras personas tomen las decisiones por ti.

Ya tienes una buena idea de cómo serán sus días de viaje con el esquema de papel. Es hora de comenzar a transferir a tu calendario sus principales actividades, eventos, obligaciones, recordatorios de viajes y el horario de tus rituales. En esta etapa es necesario introducir un poco más de detalles. Por ejemplo, podrías escribir la rutina de ejercicio exacta que deseas hacer y una rutina alternativa en caso de que el equipo que necesitas no esté disponible. Ya que te encuentras en una situación nueva sin marcadores normales, también debes agregar recordatorios digitales para mantenerlo actualizado. Estas señales electrónicas actuarán como marcador alternativo mientras estás de viaje, devolviéndote una de tus rondas de rituales, lo cual es algo bueno. En general, yo establezco dos recordatorios de texto, uno doce horas antes de la actividad y otro justo antes de la actividad. Esto me da la seguridad de que no me olvidaré con un lapso de último minuto y me da una idea de qué esperar en las próximas horas sin que me invadan las alarmas. Elijo los recordatorios basados en textos porque mi teléfono siempre está activado cuando viajo, pero es posible que prefiera los recordatorios tradicionales del calendario si voy a estar fuera del país y no tiene un plan de datos telefónicos internacional. Todo este proceso, que proviene de un viaje real que realizaré dentro de unas semanas, me llevó hacerlo unos treinta minutos, desde reunir el itinerario básico hasta esbozarlo en una hoja de papel para encontrar los horarios de los lugares, ver donde pueden encajar mis rituales, y luego establecer doce eventos separados en mi calendario para rutinas vespertinas, cinco rutinas matutinas, dos rituales de ejercicio y un tiempo de trabajo de enfoque ininterrumpido, tal y como te contaré en la segunda parte. Me hubiera llevado hacerlo más de 35 minutos si tuviera que ingresar manualmente todos mis eventos de viaje y alojamiento, pero tengo un as bajo la manga.

Una manera fácil de hacer de manera automática una gran parte del esquema de tu viaje en tu calendario es usar mi aplicación de viaje favorita, Tripit. Una vez que hayas configurado una cuenta, simplemente reenvía las confirmaciones electrónicas de tu hotel, vuelo, alquiler de automóviles, restaurantes o reservas que tengas y otros viajes a Tripit.com. El programa configurará automáticamente un itinerario maestro dentro de la aplicación y el sitio web, y sincronizará todas las fechas importantes, horas, números de confirmación e incluso direcciones, directamente en tu calendario personal. Tripit es muy intuitivo; no tardas más de quince o veinte minutos para configurar una cuenta, descargar la aplicación y conocer las funciones y características básicas. La planificación hecha durante treinta minutos o una hora de anticipación te hará salir victorioso de ciertos rituales en lugar de un inevitable colapso. Todo lo que te queda por hacer es afianzar tus rituales contigo mismo en tu propio calendario y ya estarás listo. Bueno, casi listo.

2: GUÍA DE SUPERVIVENCIA PARA TUS HERRAMIENTAS

Todavía tenemos que hablar de un presupuesto de herramientas y la guía de supervivencia de herramientas de rituales. A estas alturas ya he contado varias veces de la necesidad de escribir todos sus rituales, así como las herramientas necesarias. Si has seguido el consejo, ya has terminado tu trabajo. Simplemente diríjase a ese lindo lugar donde enumeraste todas sus herramientas rituales, ya sea Evernote o la agenda Moleskine donde elegiste escribir todo, y ver qué necesitas traer para los rituales que selecciones. Tus herramientas predeterminadas serán una computadora portátil, una computadora y posiblemente una tablet como iPad o un Kindle. Aparte podrías necesitar algunos consejos especiales. Por ejemplo, mi ritual de la mañana requiere suplementos químicos. Sé cuántos llevar conmigo porque sé cuántos días y noches voy a estar de viaje. Y limones, que también puedo llevar. Es posible que pueda llevar un poco de jugo de limón al lugar donde me aloje o comprar limones cuando llegue, aunque sugiero que prepares todo bien antes de irte, contando con cualquier inconveniente, como que no haya limones cuando llegues. No quieres perder tiempo buscando limones durante horas, seguro que tienes mejores cosas que hacer.

Otra cuestión importante con respecto a las herramientas que tendrás a tu disposición dependerá de tu alojamiento y ubicación. Cuando tengas que hacer rituales basados en acciones sanas y saludables, solicita o reserva lugares que favorezcan que esos rituales sean fáciles de seguir. Una opción es usar un servicio como Airbnb en lugar de un hotel. Esto te permitirá estar en un entorno similar a tu casa. O puedes elegir un hotel que tenga un gimnasio decente o que esté ubicado cerca de un gimnasio decente. Hablando de la ubicación, además de estar cerca de los recursos que necesites, como tiendas de comestibles, también necesitas minimizar la distancia de viaje hasta cualquier evento al que asistas. Esto se puede hacer notablemente rápido con los mapas de Google y añadiendo un margen de tiempo como hablamos con anterioridad. Cuando te quedas en un lugar que te llevo menos tiempo de viaje hasta donde tengas que ir, ahorrarás tiempo para pasar el rato o para disfrutar más de los eventos, conocer a más personas o realizar más rituales que tengas diariamente.

Recientemente fui a Bangkok y no sabía dónde quedarme. Bangkok es una ciudad enorme, así que hice algo muy característico de los turistas y busqué en Google Bangkok y el nombre del gimnasio internacional al que ya voy cerca de mi casa y elegí un motel decente basado en la proximidad al gimnasio. Resulta que estaba cerca del Skytrain que pasa por todos los principales centros de la ciudad. Es un tren aéreo que me permitió llegar fácilmente a donde iba y librarme del tráfico, aunque si lo hubiera planeado mejor, habría considerado mejor la necesidad que iba a tener de usar el transporte público. Manejaremos rituales específicos en viajes mucho mejor en la siguiente parte. Ya tienes tu sistema alternativo de marcadores y la guía de supervivencia de las herramientas, las dos ruedas fundamentales para tu motocicleta de rituales que sustituye a las cuatro ruedas de tu coche Ritual. A partir de ahora, cada uno de los siguientes rituales que tengas que hacer viajando te tomará cada vez menos de tiempo a la hora de planificarlo, porque tal vez ya tengas Tripit o una lista de herramientas más activa.

Para viajes cortos, es probable que puedas reducir tu tiempo de planificación a quince o veinte minutos para decidir dónde vas a realizar tus rituales. Así tendrás un mejor plan de juego para tus rituales. No aparecerás nunca más en un nuevo lugar y pensarás donde estoy, qué estoy haciendo, quiénes son estas personas, por qué me sigue pasando todo a mí… Basta ya. Serás tú quien controle todo porque fuiste proactivo. No tienes que preocuparte por nada más cuando te vayas de viaje. Deja que esos recordatorios te lleguen, usa esas herramientas y recursos que has planeado y disfruta el viaje. Haz que las cosas sucedan como tú quieras. Tendrás el relax que necesitas y aún así mantendrás tus rituales al mismo tiempo. Finalmente, si te pierdes cualquier ritual mientras estás de camino, no te preocupes. Vuelve a él tan pronto como puedas. Haz lo que puedas con lo que tienes donde sea que estés.

Tus acciones para tus rituales en el viaje son: asegurarte de que has programado tus marcadores y localizado tus herramientas para el próximo viaje, utilizando la estructura que te he descrito. En la siguiente parte, te enseñaré un ejemplo de viaje estructurado con el *Método Ritual*. Todo lo que vas a encontrar a partir de ahora te servirá para darte una palmadita en la espalda y ser un maestro en el *Método Ritual*. Te deseo lo mejor al usar este material para crear rituales fuertes y positivos en tu vida, con convicción. Estoy ilusionado esperando ver cada vez más personas bien equilibradas, bien descansadas, bien leídas, bien dotadas, simplemente increíbles, por saber usar rituales para su beneficio. Esas pequeñas cosas suman mucho a lo largo de los años. Y si hay algo que se interponga en el camino, revisa todo este material nuevamente, por favor, y realiza los ejercicios. He puesto más información de lo que creo que necesitarás. Quiero que puedas seguir viniendo si te caes al hacer rituales y que siempre tengas un nuevo ejercicio, una nueva opción, una nueva forma de ver las cosas, para volver a retomar esos rituales. De todas formas, cualquier duda que tengas, por favor, no dejes de escribirnos a **angel@juegosde-coaching.com**. Me encanta trabajar este tipo de cosas personalmente.

¡Seguimos!

SEGUNDA PARTE

GUÍA DE LOS 7 HÁBITOS
RITUALES PARA EL ÉXITO

En esta segunda parte, voy a ser mucho más breve y directo. Te voy a dejar con los esquemas que utilizo para llevar a cabo los siete rituales más importantes que puedes hacer en tu vida y que te llevarán directo al éxito, sea lo que sea que hagas en tu vida o quieras conseguir. Para poner en práctica estas guías, sólo tienes que seguir los pasos que te he mostrado hasta ahora e implementarlos con todos los puntos que menciono en esta guía sintetizada en puntos muy concretos. Busca y utiliza tus propios marcadores, rutinas, recompensas y herramientas sobre los recursos y puntos que te menciono a continuación.

¡Disfruta estos esquemas de rituales! Y recuerda que, si tienes alguna duda, puedes preguntarme directamente escribiéndome a **angel@juegosdecoaching.com**.

PRIMER RITUAL
DESPERTARSE TEMPRANO

1. ¿QUÉ ES UN RITUAL PARA DESPERTARSE TEMPRANO?

Se trata de cómo despertarse constantemente a las 5 a.m., a las 6 a.m. o antes, todos los días.

Nota legal: Esto no es un consejo médico o profesional. Consulta a tu médico antes de tomar o intentar cualquier cosa.

2. BENEFICIOS DE UN RITUAL PARA DESPERTARSE TEMPRANO

Estos son algunos de los beneficios:

- Nadie más está despierto. El silencio es tu mayor aliado cuando necesitas concentrarte, con lo cual, ahora puedes enfocarte en lo que necesites hacer.

- Tienes menos distracciones e interrupciones. Haz lo que sea más importante para ti. Leer, escribir, etc. Nada más puede detenerte.

- Tienes una ventaja competitiva. Debido a que la mayoría de las personas son interrumpidas desde las 10 a.m. en adelante, al levantarte temprano tendrás 3 o 4 horas de tiempo para enfocarte que otros no tendrán. Tienes más poder, más ventaja sobre otras personas.

- "Hecho antes de almorzar". Si te despiertas antes y lo planificas con cuidado, normalmente puedes realizar todas tus tareas más importantes antes de la hora de comer, dejando la tarde libre para lo que desees. ¡Es un sentimiento increíble! Si lo consigues varios días sentidos, no te volverás a olvidar de por qué debes levantarte temprano.

3. CÓMO COMENZAR UN RITUAL ANTERIOR AL DESPERTARSE TEMPRANO

La Ecuación Anterior al Despertarse Temprano es una combinación de pequeñas acciones en múltiples lapsos de tiempo que se hace antes del ritual propiamente dicho. La fórmula es:

Día Activo + Ritual Nocturno + Matemáticas del Sueño + Condiciones para Dormir + Ritual Matutino = Despertarse Temprano.

El Ritual Nocturno y el Ritual Matutino se detallan más adelante.

- Día Activo. Cuanto más te muevas y hagas durante el día, más prepararás tu cuerpo y tu mente para dormir profundamente por la noche.

- Matemáticas del Sueño. Para despertarte a una hora determinada, debes dormirte en un momento muy particular. Para empezar, simplemente calcula cuántas horas necesitas dormir una noche y haz la resta; por ejemplo, si quieres despertar a las 6 a.m. y dormir 7 horas, debes estar dormido a las 7 p.m. (y en cama a las 10:30 p. m. para tener tiempo de dormir).

- Condiciones de sueño. Te dejo una lista para configurar tus condiciones óptimas para dormir:

  ✓ Sin iluminación / tan oscura como sea posible.

  ✓ Máscara de ojos (Lewis N. Clark).

  ✓ No hay sonido: apague todo lo que pueda sonar por la noche, cierre la puerta.

  ✓ Tapones para los oídos.

  ✓ Melatonina, en caso de que necesites: 500 mcg, 30-60 minutos antes de acostarse.

  ✓ Temperatura más fresca, 16-20C (60-67F).

  ✓ Calcetines.

4. CÓMO HACER EL RITUAL DESPERTARSE TEMPRANO PERMANENTE Y AUTOMÁTICO

Solo hay 1 consejo para la sección: usa las Matemáticas del Sueño y programa el horario en el que necesites estar en la cama; organiza tu horario alrededor de eso. ¡Incluso puedes establecer un recordatorio estratégico en calendario para irte a dormir a tiempo! ¡Que nada permita que lo interrumpas!

5. PREGUNTAS FRECUENTES SOBRE EL DESPERTAR DE LOS PRIMEROS RITUALES

→ ¿Qué pasa si salgo el fin de semana? Si te quedas despierto hasta tarde el fin de semana, hay un par de cosas que necesitas hacer para mantener tu ritual de Despertarse Temprano. La primera es simple: simplemente acepta que te despertarás un poco más tarde el sábado o domingo y que está bien, no pasa nada. Puedes despertarte temprano normalmente en la semana, un 90% del tiempo, y aún así obtendrás los beneficios de este ritual. No hay necesidad de ser perfecto. Lo segundo que necesitas saber es que si te duermes un poco más tarde (1-2 horas más tarde), puedes continuar despertándote a la hora programada y hacer una siesta por la tarde. La advertencia que necesito decirte a todo lo anterior es que te despiertes con un retraso razonable: si normalmente te despiertas a las 7 a.m., levántate entre las 7 a.m. y las 10 a.m., no a las 2 p.m.

→ ¿Y qué sucede si tienes problemas para conciliar el sueño? Algunas cosas que debes probar son:

- Implementar un Ritual Nocturno.

- Recuerda estar activo durante todo el día. Ejercita tu cuerpo y tu mente durante el día haciendo lo que necesites; este esfuerzo facilitará que te quedes dormido al final del día.

- Nunca dormirás el mismo número de horas todos los días. Un poco más o un poco menos es completamente normal.

- Considera que puedes haber acumulado una deuda de sueño. Es posible que descubras que duermes de forma más natural para pagar la deuda de sueño acumulada, y una vez que la pagues, mágicamente terminarás durmiendo menos horas a lo largo del tiempo.

DR. ÁNGEL FRANCISCO BRIONES-BARCO

- Haz una siesta por la tarde y duerme menos por la noche (también conocido como sueño bifásico).

6. VIAJAR Y DESPERTAR RITUALES ANTERIORES

Mantener este ritual durante tus viajes de negocios puede ser difícil. Descubrirás que, cuando viajas por trabajo, debes estar comprometido y activo las 24 horas del día; es probable que te duermas más tarde de lo habitual y también te despiertes antes de lo habitual.

En esencia, tendrás que aceptar que tu sueño NO será óptimo mientras viaja; cuanto antes lo sepas y lo aceptes, todo estará perfecto. Cuando vuelvas a tu entorno normal, prepárate para recuperar la deuda de sueño.

Y si haces viajes con cambios horarios, simplemente recuerda permanecer despierto o levantarte en los horarios correctos según la zona horaria de destino, no siguiendo tu zona horaria local.

Nota: En vacaciones, debes dormir tanto o tan poco como desees.

7. PRIMEROS PASOS Y ACCIONES DEL RITUAL PARA DESPERTARSE TEMPRANO

- Resuelve específicamente a qué hora quieres despertar.
- Haz las Matemáticas del Sueño.
- Establezca una alarma / recordatorio estratégico para cuándo ir a dormir.
- Configura tu entorno para dormir: iluminación, sonido, temperatura.
- Implementa un Ritual Nocturno.

- Recuerda mantenerte ocupado durante el día y moverte lo suficiente.

- ¡Ve a dormir y disfruta de despertar más temprano!

 DR. ÁNGEL FRANCISCO BRIONES-BARCO

SEGUNDO RITUAL
RITUAL MATUTINO

1. ¿QUÉ ES UN RITUAL MATUTINO?

Un Ritual matutino es el ritual más importante que puedes hacer. Es la secuencia predeterminada de acciones que tomas cada mañana desde el momento en que te despiertas hasta el momento en que realmente comienza el día.

Al hacer los mismos y potentes pasos todos los días, se establece el impulso y la coherencia de cómo vas a comenzar todos los días, y esto te prepara para el éxito a largo plazo.

2. BENEFICIOS DE UN RITUAL MATUTINO

- Tendrás más energía. El ritual está diseñado para que tu cuerpo deje de estar cansado y te conviertas en alguien más energético. Eso, a su vez, te hará más productivo y te asegurarás de hacer todas las cosas importantes que debes hacer todos los días, en el trabajo o en tu vida personal.

- Tus días comenzarán con un rugido.

- Más felicidad. Al hacer lo que necesitas todos los días, puedes irte a dormir feliz y más contento, sabiendo que has dado todo al máximo.

- Ímpetu de éxito. La consistencia que te ofrece el Ritual Matutino te brinda días increíbles y consistentes. Si tienes días productivos, estos se suman a semanas productivas, meses productivos y años productivos. Con el tiempo, estas pequeñas ventajas y ganancias se multiplican y te catapultan al próximo nivel. Ten en cuenta que la mayoría de las personas NO son consistentes o exitosas a diario.

3. CÓMO COMENZAR UN RITUAL MATUTINO

Verifica esta lista o checklist y cópiala en un pedazo de papel para que puedas consultarla cada mañana.

- Beber 500 ml (16 onzas) de agua.

- Estirar el cuerpo al levantarte de la cama. / Moverte.

- Ir al baño y vestirse.

- Hacer ejercicios de respiración y una meditación de 10 minutos.

- Revisar los objetivos, los resultados y las tareas del día.

- Empezar con la Tarea Más Importante (TMI).

Una vez que estos pasos se conviertan en algo natural para ti, hazlos digitales: colóquelos en un administrador de tareas digital como OmniFocus o Todoist, o en un rastreador de hábitos como HabitRPG o Coach.me (anteriormente conocido como Lift App). Además, recuerda configurar tu entorno para tu Ritual Matutino, ya sea colocando una botella de agua en tu mesita de noche para acordarte de beber nada más despertar, o dejando el café listo para hacerse la noche anterior.

Otras cosas que puedes agregar a tu Ritual Matutino son:

- Agregar limón exprimido a los 500 ml de agua.

- Cepillarse los dientes por la mañana.

- Hacer la cama: esto establece el tono del día.

- Tomar un poco de aire fresco. Salir y pasear al perro si tienes.

- Desayunar es opcional.

- No encender o tener el móvil en silencio hasta que termines el Ritual Matutino.

- Hacer inhalaciones de vapor.

- Vestirse y estar presentable: comienza el día con el mejor aspecto.

- Celebrar las victorias de ayer (aprendidas de MarcAndAngel.com).

4. CÓMO HACER EL RITUAL MATUTINO AUTOMÁTICO Y PERPETUO

Este Ritual es uno de los rituales más simples de convertir en instantáneo, porque hay un marcador automático incorporado, que despierta. De forma predeterminada, tan pronto como te despiertes, debes ir a la lista de verificación que has preparado, y abrirte paso en toda la lista desde el primer punto. Algunos otros métodos para hacer que tu Ritual Matutino sea más fuerte son:

- Tener personas externas (cónyuge, pareja, familia) que te hagan sentir responsable de tus avances.

- Usar aplicaciones.

- Escribir en diarios.

- Usar el método Seinfeld para escribir diarios: marca tu calendario cada día que mantengas tu Ritual Matutino. Esto también se conoce como la forma de "no romper la cadena".

Recuerda que la recompensa intrínseca detrás del Ritual Matutino es la diferencia entre despertar y tener que salir corriendo, o despertarse y comenzar el día intencionadamente con impulso y aplomo.

5. ¿QUÉ PASA SI ME LEVANTO TARDE?

Haz tu Ritual Matutino como de costumbre. Un caso especial es si te despiertas muy tarde. SÓLO ese día, reduce tu ritual matutino a lo esencial: beber agua, vestirse y luego vete a lo que llegues tarde. Recuerda tener en cuenta un período de tiempo adecuado para tu Ritual Matutino, ya sea 30 minutos, 60 minutos o más. Si es necesario, ¡configura una alarma para asegurarte de que despiertas a tiempo!

6. RITUAL MATUTINO DE VIAJE

Haz tu Ritual exactamente de la misma manera que lo haces en casa. Los Rituales Matutinos son extremadamente portátiles: todo lo que necesitas realmente es tu computadora portátil y un poco de agua. De hecho, cuando aterrizas en una ciudad, lo primero que debes hacer es verificar si el agua del grifo es potable, y si no es así, vete a una tienda y compra agua embotellada.

Antes de viajar, averigua qué herramientas necesitas llevar y anótelas, y luego empaqueta tu equipaje como corresponde. También echa un vistazo a los diferentes entornos que puedes necesitar para viajar; por ejemplo, tener un gimnasio adecuado cerca de su hotel. Si no puedes tener acceso a las herramientas o entornos adecuados, planifique alternativas. También ayuda el conocer tu horario de viaje y tener en cuenta el tiempo suficiente para completar tu Ritual Matutino todos los días. Cuando llegues a tu destino, configure tu entorno de viaje para tener éxito; por ejemplo, coloque una botella de agua en el soporte de la cama de su habitación de hotel antes de irse a dormir.

La mejor manera de manejar los cambios de zona horaria es considerar el tiempo de viaje como tiempo de viaje; no hagas tu Ritual Matutino en el avión / barco / tren o coche. Hazlo la mañana siguiente de tu zona horaria de destino.

7. PRIMEROS PASOS Y ACCIONES DEL RITUAL MATUTINO

- Toma la decisión de que comenzarás mañana con un Ritual Matutino básico.

- Escribe los pasos para tu nuevo Ritual de la Mañana y coloca ese papel en algún lugar donde lo veas mañana por la mañana.

- Configura tu entorno: botella de agua, alarma, ropa, etc.

- Haz tu Ritual Matutino lo primero de todo en cuanto despiertes mañana por la mañana.

- Con el tiempo, agrega cosas que mejorarán tu Ritual Matutino y elimina las cosas que no encuentres útiles.

TERCER RITUAL
MEDITACIÓN

1. ¿QUÉ ES UN RITUAL DE MEDITACIÓN?

Un Ritual de Meditación, mindfulness o de atención plena trata de mejorar la atención, enfoque y conciencia a través de un ritual de ejercicios consistentes de concentración mental.

2. BENEFICIOS DE UN RITUAL DE MEDITACIÓN

- Efecto calmante y de ajuste mental. Calla los cientos de voces que suenan dentro de tu cabeza y pensamientos recurrentes.

- Se es más consciente, presente y consciente de lo que está pasando.

- Aumenta la cognición y el procesamiento psicológico. (https://news.harvard.edu/gazette/story/2011/01/eight-weeks-to-a-better-brain/)

- Entrena la concentración y el foco.

- Reduce la ansiedad, y, por lo tanto, tendrás mayor felicidad.

3. CÓMO COMENZAR UN RITUAL DE MEDITACIÓN

La manera más fácil de comenzar con la meditación es con pequeños pasos. Comienza con un simple ejercicio de respiración: siéntate derecho en una silla, cierra los ojos y cuenta la respiración, 1, exhala, 2 respira, 3 y así sucesivamente. Repite esto 2-3 veces. El lugar y el momento en que vas a meditar también ayuda a ser específico: esto te ayuda a superar el hecho de ser consciente de ti mismo y de la acción.

Una de las mayores barreras contra la meditación son las ideas preconcebidas que tendemos a tener al respecto y cómo se supone que "sucede". Así que la meditación no es lo que pensamos. Hay que darse cuenta de que:

- La meditación no es espiritual ni religiosa, solo tratas de obtener más control sobre tu mente.

- Es normal que tu mente vaya en 100 direcciones a la vez, sólo obsérvala y continúa con tu meditación.

- No hay necesidad de tratar de cerrar todos tus pensamientos.

- No hay necesidad de pensar solo en pensamientos zen o felices.

- La meditación puede hacerse en un solo minuto. (http://www.solounminuto.org.ar).

- Obtendrás rendimientos decrecientes después de 15-20 minutos. No hay necesidad de dos sesiones de más de 20 minutos diarias.

- Si unes la meditación a tu Ritual Matutino se convertirá en automática.

- Use Calm.com o la aplicación Headspace si necesitas un tipo de meditación guiada.

4. CÓMO HACER UN RITUAL DE MEDITACIÓN AUTOMÁTICO Y PERMANENTE

La manera más fácil de hacer que el Ritual de meditación sea permanente es apilarlo y hacerlo dentro de otro Ritual, como tu Ritual Matutino o Ritual Vespertino. También será bueno si empiezas con una meditación breve (1-5 minutos) y después aumentas la duración en el tiempo a 15-20 minutos.

Tal y como mencioné antes, determina el momento y el lugar para la meditación de antemano. Asegúrate de darte un tiempo de amortiguación: si planeas meditar durante 10 minutos, deja 15-20 minutos por si acaso. Configura un temporizador para que te pases de tiempo. Te recomiendo la aplicación Insight Timer.

5. ¿QUÉ PASA SI NO TENGO TIEMPO PARA MEDITAR HOY?

No hay nada de malo en omitir una sesión de meditación o reducirla a un tiempo más corto para una sesión. Pero no dejes de hacerla; como máximo uno o dos días.

6. RITUAL DE MEDITACIÓN CUANDO VIAJAS

La meditación puede ser un poco difícil de hacer cuando se viaja, ya que no tenemos nuestros marcadores habituales que nos recuerden iniciar el ritual. Sin embargo, si has agregado la meditación a tu Ritual Matutino, no es el caso. Puedes acortar las sesiones y también puedes utilizar los tiempos de viaje para meditar. También puedes meditar en casi cualquier lugar: los auriculares pueden ayudarte y evitar que otros lo interrumpan durante la mitad de la sesión.

7. PRIMEROS PASOS Y ACCIONES DEL RITUAL DE MEDITACIÓN

1. Elige tu forma de meditación.

2. Ten en cuenta lo que NO es la meditación.

3. Elige un tiempo determinado, dejando un margen de actuación para empezar.

4. Configura un lugar y espacio predeterminado.

5. Comienza mañana por la mañana, como parte de tu Ritual Matutino.

6. Ajusta lo que necesites y adáptalo a tu rutina y resto de rituales.

CUARTO RITUAL
HACER EJERCICIO

1. ¿QUÉ ES UN RITUAL DE EJERCICIO?

Cubre muchas cosas diferentes, desde tener una forma física general hasta un entrenamiento específico. Se trata de hacer alguna forma de actividad física en tu vida o semanalmente, si no diariamente, y que sea más activa e intensa que un trabajo. Por favor, ten en cuenta que lo que cuento a continuación no es un consejo médico o profesional, sino mi experiencia. Siempre debes consultar a un médico antes de tomar o intentar cualquier cosa.

2. BENEFICIOS DE UN EJERCICIO RITUAL

- Tu salud mejorará. Esto es obvio.
- Endorfinas. Tu cuerpo libera sustancias químicas durante y después del ejercicio que te hacen sentir genial.
- Aspectos sociales. Mejorarás socialmente, sobre todo si entrenas en grupo o en clase.
- Mejor sentido de bienestar.
- Dormirás mejor.
- Entrenamiento para tener un rendimiento máximo en otras facetas de tu vida. Los atletas entrenan todo el tiempo para actuar durante partidos y eventos. Podemos hacer ejercicio durante nuestra vida diaria.

- Tendrás más y mejor energía.
- La salud comienza a reemplazar otras priori-
  dades a medida que envejeces. Cuanto antes
  incorpores un ritual de ejercicio diario, mejor
  que mejor.

3. CÓMO COMENZAR UN RITUAL DE EJERCICIO

La mayoría de la gente dice que quiere hacer ejercicio,
pero no mucha gente realmente lo hace. Aquí está mi lista
de verificación infalible para hacer ejercicio en tu vida.

- Calcula lo que quieres hacer. Esto es todo
  preferencia personal. Ve a probar una clase
  de todo lo que te interesa y decide cuál te
  gusta, por ejemplo.
- Haz que el ejercicio sea una recompensa
  intrínseca (donde la recompensa es el placer
  que obtienes simplemente haciéndolo). Dada
  la fiebre de las endorfinas que se obtiene del
  ejercicio, esto no es difícil de hacer.
- Programa el ejercicio. Si tu ejercicio tiene un
  horario estricto, eso es genial. Si no, hazlo
  rígido y ponlo en tu calendario.

Atajos y pistas para seguir con el ejercicio

a) Regístrate en un gimnasio o clase que no sea
   reembolsable.
b) Hazte fotos para seguir el progreso.
c) Usa una aplicación de ejercicios físicos como
   Fitocracy para marcar tu progreso y tus
   mediciones.

4. CÓMO HACER DEL EJERCICIO UN RITUAL PERMANENTE

El ejercicio libera endorfinas que lo hacen naturalmente adictivo y más perpetuo a lo largo del tiempo. Debido a lo bien que te hace sentir, el ritual te hace naturalmente querer hacer más, cuanto más lo haces. Dentro de 1-2 meses, el ejercicio se vuelve automático y permanente para la mayoría de las personas. Cuando estés haciendo tu ejercicio, realmente vuélcate en ello. Involucra tu cuerpo y tu mente, y no te distraigas viendo televisión o cualquier otra cosa. El tener tu ropa o bolsa de gimnasia lista y preparado de antemano te ayuda muchísimo, ¡puedes recoger tu bolso y listo!

5. PREGUNTAS FRECUENTES SOBRE EJERCICIOS RITUALES

→ Me parece que paso mucho más tiempo haciendo ejercicio que otras personas, ¿qué está pasando?

Hay una diferencia entre el tiempo real de ejercicio y el tiempo de ejercicio más el tiempo que tardas en llegar, cambiarte, calentar, etc. Mucha gente habla de "una hora de ejercicio" como la hora que pasan en el piso del gimnasio, excluyendo la 1 hora se necesita llegar, regresar y los 30 minutos para ducharse y cambiar después. Así que asegúrate de dejar una cantidad razonable de tiempo para esas cosas, e inclúyelas como parte de tu ritual de ejercicio. Gastar 2 o 3 horas en total es completamente normal.

→ ¿Qué pasa si me lesiono?

Tómate el tiempo libre necesario para recuperarse, y recuerda que este ritual no es una carrera o competición. Querrás volver a hacer ejercicio tan pronto como puedas, pero la recuperación muscular es más importante.

→ ¿Qué pasa si me pierdo un día?

Primero, no te rindas por haber perdido un día, a veces sucede. En segundo lugar, simplemente haz un seguimiento de tu rutina de ejercicios para el día siguiente o el próximo día programado.

6. IR DE VIAJE Y HACER EL RITUAL DEL EJERCICIO

Hacer ejercicio mientras estás de viaje puede ser difícil. Debes encontrar tantas dificultades como sea posible antes de viajar y minimizarlos, o planear cómo vas a superarlos.

Por ejemplo:

- Alójate en un hotel con un gimnasio con el equipo adecuado o ten un gimnasio cerca del hotel.

- Haz una rutina de habitación de hotel, por ejemplo, la rutina de Zachary de: 10 series de 10 flexiones de brazos + 10 sentadillas + 10 sentadillas.

- Tomando un descanso mientras viaja.

7. PRIMEROS PASOS Y ACCIONES DEL RITUAL DE MEDITACIÓN

1. Decide qué tipo de ejercicio quieres hacer.

2. Prueba diferentes clases si es necesario.

3. Programa tus tiempos, tanto de ejercicio, como lo que te va a llevar.

4. Ve a por todas: el ritual se volverá automático de manera natural en uno o dos meses.

DR. ÁNGEL FRANCISCO BRIONES-BARCO

QUINTO RITUAL
RITUAL DE PRODUCTIVIDAD ESTRUCTURADA

1. ¿QUÉ ES?

El Ritual de Productividad Estructural trata de maximizar tus días planificándolos con anticipación.

2. BENEFICIOS DE UN RITUAL DE PRODUCTIVIDAD ESTRUCTURADA

- Éste es un Ritual Maestro y Máster. La Productividad Estructurada abarca y reúne todos tus otros rituales, lo que te lleva a una mayor productividad, un mejor control, menos sorpresas y más éxito.

- Manejarás el estrés de una manera eficaz. Tus días fluirán lo mejor posible con la Productividad Estructurada.

- Tendrás un seguimiento diario del progreso.

- Capacidad de repetición. Como conoces la estructura de cada día, podrás mejorarla al día siguiente si algo no funciona de acuerdo con el plan.

3. CÓMO COMENZAR UN RITUAL DE PRODUCTIVIDAD ESTRUCTURAL

Puedes comenzar tu Productividad Estructurada identificando tus actividades principales (comer, dormir, hacer ejercicio) y considerarlas como fijas y no negociables. Elige las horas del día en que harás estas actividades y colócalas en tu calendario para repetirlas todos los días. Todas tus otras actividades girarán en torno a estas actividades básicas.

Un paso adicional es encontrar un bloque o trozo de tiempo para el trabajo principal, donde completarás tu tarea más importante (o TMI) diariamente. Esto suele ser lo primero durante el día y dura aproximadamente 2-3 horas. Si haces esto todos los días, habrás tenido un gran día, independientemente de lo que suceda.

4. CÓMO HACER TU RITUAL DE PRODUCTIVIDAD ESTRUCTURADA ALGO AUTOMÁTICO

Es bastante simple: ve a tu calendario ahora mismo y programa tus actividades principales con recordatorios y configúralos para que se repitan diariamente. Esto no significa que harás las cosas a la EXACTAMENTE misma hora todos los días, pero habrás planeado que sucedan alrededor de un cierto tiempo todos los días.

Otra directriz para hacer que la Productividad Estructurada sea perpetua es planificar tu mañana la noche anterior; no debes planearlo durante la mañana del mismo día. De esta manera, cuando te despiertes, ya tienes un plan a seguir y una estrategia para saber cómo transcurrirá el día, y así puedes ir directo a por ello.

Por último, también puedes implementar un Ritual de Escribir en un Diario para ayudar a que la Productividad estructurada sea más flexible.

5. PREGUNTAS FRECUENTES SOBRE LOS RITUALES DE PRODUCTIVIDAD ESTRUCTURADA

→ ¿Qué puedo hacer si estoy demasiado ocupado para planificar?

Este Ritual te lleva literalmente 5 minutos para configurarse al principio, y luego no toma nada de tiempo para mantenerse. En otras palabras, ¡ésta no es una excusa válida!

→ ¿Qué sucede si un día no transcurre de acuerdo al plan?

No pasa gran cosa. Algunas veces surgen cosas, y si has mantenido bien este ritual, generalmente se deben a factores fuera de tu control. Simplemente haz un seguimiento de lo que sucedió, y si sucede de manera regular, ajústalo y repítelo.

6. VIAJES Y RITUALES DE PRODUCTIVIDAD ESTRUCTURADA

Cuando viajas, generalmente está trabajando en el horario y plan de otra persona. Puedes hacer todo lo posible para variar tus horas de comer, dormir, hacer ejercicio y de trabajo central solo durante el período en el que viajes, pero reconoce que no siempre todo se desarrollará tan bien. Lo más importante es que te asegures de volver a tu horario habitual cuando regreses de tu viaje.

7. PRIMEROS PASOS Y ACCIONES DEL RITUAL DE PRODUCTIVIDAD ESTRUCTURADA

1. Encuentra tiempo para hacer tus actividades principales (comer, dormir, hacer ejercicio).

2. Ponlo en tu calendario, repitiéndolos y con recordatorios.

3. Encuentra el tiempo de trabajo central.

4. Instala un Ritual de Escribir un Diario.

5. Asegúrate de planear la noche anterior, incluyendo cuál será tu TMI mañana.

SEXTO RITUAL
RITUAL DE DESCANSO

1. ¿QUÉ ES UN RITUAL DE DESCANSO?

El Ritual de Descanso o interrupciones consiste en obtener constantemente los descansos y tiempos de inactividad que necesitas para mantenerse alerta y productivo.

2. BENEFICIOS DE UN RITUAL DE TIEMPO DE INACTIVIDAD

- Descansar, liderando el aumento de la productividad.
- Tener niveles de energía controlados y consistentes durante todo el día.
- Manejo efectivo del estrés.
- Mayor motivación: el efecto vacaciones.

3. CÓMO COMENZAR UN RITUAL DE DESCANSO

Usa intervalos o bloques de tiempo para estructurar tus descansos. Por ejemplo, 25 minutos de trabajo y 5 minutos de descanso, siguiendo la técnica Pomodoro. O 50 minutos de trabajo y 10 minutos de descanso. Puedes usar un temporizador (reloj, temporizador digital, teléfono) para controlar la hora.

Cuando tomes un descanso, detén físicamente todo lo que estés haciendo e intenta hacer otra cosa, preferiblemente alejarte de tu lugar de trabajo, ir a otra oficina, a otra habitación o simplemente alejarte de la computadora.

Si es necesario, y estás haciendo una tarea de escritura, antes de tomar un descanso, escribe lo que estás pensando en este momento. Después de tomar un descanso, mira lo que escribiste y retoma esa línea de pensamiento.

4. CÓMO HACER UN RITUAL DE DESCANSO AUTOMÁTICO

Lo que tienes que hacer es escuchar a tu cuerpo y mente, saber cuándo estás cansado o agotado mentalmente, y luego no sentirte culpable por tomarte un poco de tiempo para recuperarte. También ayuda a ir a por todas cuando estés descansando: déjate llevar por lo que realmente disfrutas.

Haz que tus descansos sean más gratificantes (y, por lo tanto, más perpetuos) al:

- Salir y tomar algo de aire.
- Beber tu bebida favorita.
- ¡Otra vez, ir a por todas en tus descansos y disfrutarlos al máximo!

5. PREGUNTAS FRECUENTES SOBRE LOS RITUALES DE TIEMPO DE INACTIVIDAD

→ ¿Qué pasa si me pierdo un descanso?

Simplemente toma el siguiente descanso. No hay necesidad de duplicar el trabajo en nada, solo tómate un descanso cuando te des cuenta de que te has perdido.

→ ¿Qué sucede si me siento culpable por tomarme un descanso?

No deberías sentirte culpable por tomarte un descanso, porque te hace más efectivo cuando regresas al trabajo. Estás siendo más productivo tomando el descanso.

6. RITUALES DE DESCANSO DURANTE TUS VIAJES

El tiempo de inactividad es relativamente fácil de lograr mientras viajas: naturalmente, se fuerzan descansos incorporados durante el tiempo de tránsito y entre las sesiones de reuniones y conferencias.

El principal problema con los viajes de negocios y el tiempo de inactividad es que ocasionalmente puedes tener una sesión de 2 horas o una reunión, pero siempre habrá tiempo para un descanso rápido después.

7. PRIMEROS PASOS Y ACCIONES DEL RITUAL DE DESCANSO

1. Obtén un temporizador.

2. Usa intervalos de tiempo de 25 o 50 minutos y, por lo tanto, 5 minutos o 10 de descanso.

3. Escribe en qué estás trabajando antes de un descanso.

4. Vuelve a lo que anotaste después de tu descanso.

SÉPTIMO RITUAL
RITUAL VESPERTINO

1. ¿QUÉ ES UN RITUAL VESPERTINO?

Un Ritual Vespertino es cómo te relajas todos los días. Es la secuencia que hay que seguir paso a paso para obtener un sueño de calidad. Piensa en él como la otra cara del Ritual Matutino o de la Mañana. Tenemos un Ritual Vespertino para que puedas preparar tu mente y tu cuerpo para dormir, lo que a su vez te ayuda a descansar y revitalizarte para el día de mañana.

2. BENEFICIOS DE UN RITUAL VESPERTINO

- Sueño constante y de calidad. Tanto la calidad como la cantidad de sueño son importantes, y un Ritual Vespertino te ofrece los dos a la vez.

- Efecto de descenso. Los deportistas de alto rendimiento tienden a ponerse nerviosos cuando las cosas se les van de las manos durante el día. Un Ritual Vespertino te ayuda a bajar la intensidad, relajarte y simplemente ralentizar un poco las cosas al final del día.

- Tranquilidad de espíritu. Al saber que tendrás una buena noche de sueño, te despertarás con energía y listo para funcionar.

3. CÓMO COMENZAR
UN RITUAL NOCTURNO

Para comenzar con los Rituales vespertinos, escribe y usa esta lista de verificación entre 45 y 60 minutos antes de planear dormir.

- Revisa tus redes sociales por última vez.
- Pon el teléfono en silencio (sin vibrar).
- Escribe la entrada del diario para mañana.
- Usa el baño, cepíllate los dientes, desmaquíllate, lávate la cara.
- Haz ejercicios de estiramiento y movilidad.
- Lee algo de ficción.
- Duerme.

Y también puedes hacer estas otras opciones:

- A partir de las 9 p.m. elimina toda luz azul de electrodomésticos que te mantienen despierto.
- Enciende algunas velas o aceites esenciales como un marcador para comenzar el Ritual Vespertino.
- Baja o atenúa las luces.
- Usa la web FLUX en tu computadora para ayudar a reducir la luz azul durante la noche.

4. CÓMO HACER UN RITUAL
VESPERTINO PERMANENTE

Los Rituales de la noche pueden ser un poco más difíciles de hacer fijos debido al hecho de que comienzan al final del día, cuando ya hay miles de pensamientos corriendo por nuestras mentes. El marcador más fácil de usar es el tiempo, por ejemplo, comenzar tu Ritual Vespertino a las 9 p.m. También puedes usar otros marcadores naturales, como terminar de cenar, apagar tu computadora, volver pronto después de una noche fuera, o escribir en tu diario lo que has hecho durante el día.

5. ¿QUÉ SUCEDE SI ESTOY DEMASIADO CANSADO PARA HACER MI RITUAL VESPERTINO?

Si estás demasiado cansado para hacer tu Ritual, es probable que termines quedándote dormido de todos modos. En otras ocasiones, quieres mantenerte como sea completando tu Ritual, incluso si tienes que condensarlo un poco, por ejemplo, simplemente lavarse los dientes, la cara e ir a dormir. También descubrirás que hay ciertas cosas que debes hacer independientemente, como poner el teléfono en silencio, ir al baño o apagar las luces.

6. RITUAL VESPERTINO DE VIAJE

Lleva contigo las herramientas que necesitarás para tu Ritual cuando viajes: diario, tapones para los oídos, máscara para los ojos, libros. El Ritual Vespertino es uno de los rituales más fáciles de mantener cuando viajas; de todos modos, estarás haciendo todo lo que haces en tu casa alrededor de tu dormitorio y baño.

7. PRIMEROS PASOS Y ACCIONES DEL RITUAL VESPERTINO

1. Escribe todos los pasos de tu Ritual Vespertino, o bien en un papel o en la agenda que hayas elegido para escribir tus tareas.

2. Comienza a practicar tu Ritual Vespertino hoy mismo, esta misma noche.

3. Modifícalo según sea necesario a lo largo del tiempo.

TRES RITUALES EXTRA MÁS

He decidido añadir tres rituales más que te van a ayudar aún más en tu camino hacia el éxito. Si bien los siete rituales que he detallado hasta ahora son los más beneficiosos que he encontrado hasta ahora, los tres rituales que te ofrezco a continuación son tan poderosos que no los podía dejar aparte.

Realizando los diez rituales en total que hay en este libro, tu vida dará un cambio de 180 grados.

¡Disfruta ahora de tu nueva vida con el *Método Ritual*!

PRIMER RITUAL EXTRA
EL RITUAL PARA ESTUDIAR Y APRENDER O RITUAL DE APRENDIZAJE

1. ¿QUÉ ES?

El Ritual de Aprendizaje consiste en aprender consistentemente cosas nuevas. Se trata de saber cómo aprender y de reservar el tiempo suficiente para facilitar el proceso de aprendizaje, por lo general a diario. Parte de la elaboración del Ritual de Aprendizaje es adaptarlo a tus necesidades específicas de aprendizaje y crear tu propia estructura para el aprendizaje.

2. BENEFICIOS DE UN RITUAL DE APRENDIZAJE Y APRENDIZAJE

- El aprendizaje permanente. Para la mayoría de las personas, el aprendizaje se detiene después de la universidad o la enseñanza secundaria. Tener este ritual en su lugar asegura que sus conocimientos y habilidades permanecerán actualizados por el resto de la vida.

- La mayoría del aprendizaje real tiene lugar después de la educación formal.

- Valor en curso. Lo más valorado en el mundo de hoy es crear cosas nuevas, tomar dos ideas y crear una nueva. Todo eso hay que aprenderlo y estudiarlo, así que realizar un ritual para conseguirlo parecía obvio, ¿verdad?

3. CÓMO COMENZAR UN RITUAL DE APRENDIZAJE Y APRENDIZAJE

El primer paso para Estudiar y Aprender es elaborar una estructura formal para estudiar el aprendizaje que se quiera tener. Es decir:

- Especifica un período de tiempo para aprender. Si es necesario, reduce el tiempo que te lleva hacer otra cosa (por ejemplo, ver la televisión).

- Especifica una hora específica en la que realizarás el aprendizaje. Por ejemplo, después del trabajo, quedarse despierto hasta tarde, antes del desayuno, etc. Elige un día y una hora específicos.

- Decide lo que quieres aprender. Hay múltiples enfoques que puedes tomar:

  a) Todo el mundo tiene diferentes intereses y temas que disfrutan: así que aprende sobre lo que te interese.

  b) Elige solo un tema a la vez.

  c) Elige temas que te ayudarán a crecer como persona, o que ampliarán tu comprensión del mundo, o que te ayudarán en el futuro.

  d) Piensa en ti mismo y el género humano como el hardware del computador y los temas son como el software: el aprendizaje consiste en descargar nuevas aplicaciones para tu cerebro.

DR. ÁNGEL FRANCISCO BRIONES-BARCO

La mecánica de estudiar y aprender se compone de cuatro mecanismos básicos para que un Ritual de Aprendizaje sea efectivo. Estos son los cuatro mecanismos:

1. Escribe cosas en una lista: escribe lo que quieres estudiar como una lista de tareas que puedes verificar y tachar después.

2. Sé ultraespecífico. Por ejemplo, leer el libro XYZ a las 6 p.m. después de cenar, durante 15 minutos. Pon estos detalles en tu calendario.

3. Captura y registra lo que aprendas. Anota los puntos principales en Evernote, o haz un mapa mental en el margen de tu libreta, o en notas electrónicas en cualquier libro electrónico. Usa estas notas y registros después, en una futura revisión.

4. Enséñale lo que aprendes a otras personas. Esto ayuda a tu cerebro a ordenar, procesar e integrar el material.

4. CÓMO HACER UN RITUAL DE APRENDIZAJE FIJO Y AUTOMÁTICO

Las personas tienden a reaccionar de manera diferente a un Ritual de Aprendizaje consistente, pero aquí hay algunas pautas para hacer el ritual más rígido.

La primera (mencionada numerosas veces) es hacer el ritual ultra específico. Es decir, especifica al máximo qué estás aprendiendo, cuándo lo estás aprendiendo (hora / día) y dónde lo estás aprendiendo.

Lo segundo es leer y aprender todo el tiempo: con un teléfono inteligente no hay ninguna razón por la que no puedas usar 5 minutos de repuesto para leer mientras esperas que comience una reunión, por ejemplo. Un efecto que arrastra todo esto es que al usar tu tiempo libre para aprender, naturalmente reducirás otras distracciones (noticias, Facebook, redes sociales, etc).

La tercera pauta es reconocer que algunos materiales se aprenden mejor a través de diferentes formatos, ya sean libros, audio, vídeo, podcasts o capacitación en vivo. Pruébalos y experimenta cómo avanzas.

Y lo último a tener en cuenta es el hecho de tener una estrategia de aprendizaje efectiva. Por ejemplo, usa los podcasts como una red amplia para resolver los temas que te interesen, y luego profundiza usando libros específicos y cursos sobre esos temas. Recuerda ser específico nada más empezar y aprender de acuerdo con las necesidades y exigencias de tu vida profesional.

5. PREGUNTAS FRECUENTES SOBRE EL RITUAL DE APRENDIZAJE

→ ¿Qué sucede si pierdo interés en lo que estoy aprendiendo?

Si comienzas a profundizar en un tema o libro y 10 o 20 páginas en él no te interesan, déjalo a un lado. No te sientas mal por eso, solo déjalo a un lado. Ya has gastado el dinero y el tiempo, y es un costo irrecuperable, solo déjalo y pasa a otra cosa.

→ Tengo problemas para sacar el tiempo para Estudiar y Aprender.

Esto vuelve a la especificidad. Sé ultraespecífico en cuanto al material, el lugar y el tiempo que vas a aprender. Lo que se prioriza y programa, por lo general, se hace.

6. VIAJAR CON RITUALES DE APRENDIZAJE

Los viajes, y más los de negocios, suelen ser un momento de hiperaprendizaje. Aprenderás mucho en un seminario, conferencia o evento, ya sea a través de sesiones formales o discutiendo ideas con personas nuevas. Estos eventos también son una oportunidad para enseñar a las personas nuevas cosas que has aprendido. Además, tendrás un montón de tiempo de viaje disponible para leer, escuchar y digiriendo cualquier material de aprendizaje.

Solo asegúrate de estar preparado: carga el contenido digital que necesites en tu computadora, tableta o teléfono.

7. PRIMEROS PASOS Y ACCIONES DEL RITUAL DE APRENDIZAJE

1. Especifica un período de tiempo para aprender.

2. Especifica una hora y fecha para aprender.

3. Especifica un entorno para aprender.

4. Concreta lo que quieres aprender.

5. Coloca todo lo que has especificado en tu calendario, administrador de tareas o aplicación de notas.

6. Captura y graba lo que aprendes; por ejemplo, hacer un cuaderno en Evernote.

7. Haz un plan para enseñar lo que has aprendido a otros y así solidificarás tu aprendizaje.

SEGUNDO RITUAL EXTRA
EL RITUAL PARA
ESCRIBIR UN DIARIO

1. ¿QUÉ ES?

El diario es un ritual para escribir, seguir y registrar tu vida en papel o en formato digital. No se trata de que hagas un diario de adolescente, cuando apetecía tener un diario secreto, sino convertir la escritura diaria en una práctica metódica y consciente que mejore activamente tu vida a lo largo del tiempo.

2. BENEFICIOS DE UN RITUAL DE ESCRIBIR UN DIARIO

- Grabar la memoria. Al anotar las cosas, tienes un registro de lo que te sucedió diariamente. Esto es especialmente bueno si tienes un cerebro con goteras, es decir, mala memoria.

- Capacidad de ver lo que hiciste en cualquier día de tu vida.

- Ver y seguir el progreso en diferentes áreas de tu vida.

- Una oportunidad única para alinear la tarea diaria con la visión y objetivos que tengas a más largo plazo.

- Terminarás todos los días sabiendo que lo hiciste bien; esto crea motivación extra.

- Ayuda a llevar adelante otros rituales de tu vida a través de preguntas y recordatorios.
- Captura tu propia historia personal.

3. CÓMO COMENZAR UN RITUAL DE ESCRITURA EN TU DIARIO

Tu lista a seguir para comenzar con el diario es la siguiente:

- Elige el medio en que lo harás: analógico (lápiz y papel), o digital en cualquier aplicación o procesador de textos. Es una opción muy personal. Elige con lo que te sientas más cómodo. Y si puedes combinar los dos, mejor que mejor. En caso de que un día no puedas escribir en tu agenda del ordenador o en una aplicación del celular, por ejemplo, asegúrate de que lo escribes en un papel y que luego lo puedas añadir a tu diario digital por medio de una foto.

- Determina cómo estructurarás tu diario (ejemplos a continuación).

- Decide su estructura y preguntas (ejemplos a continuación).

- Comienza a escribir el diario.

EJEMPLO DE PLANTILLA DIARIA

- Qué te pasó ese día (qué eventos han ocurrido o a cuáles has asistido).

- Resultados, tareas y preguntas al respecto. Los resultados son las cosas grandes cosas que quieres lograr durante el día, o que has conseguido, si escribes tu diario en el Ritual Vespertino. Las tareas son los pasos más pequeños que debes hacer o has hecho para lograr resultados.

- Escribe 3 logros.
- Preguntas guía (todas opcionales; elige las que desees):
    I. ¿Qué leí?
    II. ¿Qué aprendí?
    III. ¿Qué hice que me ayudará en mi futuro?
    IV. ¿Cómo ayudé a alguien hoy?
    V. ¿A quién amo?
    VI. ¿Por qué estoy agradecido?

EJEMPLO DE PLANTILLA SEMANAL

- Qué te pasó esa semana (eventos).
- Resultados, tareas y preguntas al respecto.
- Revisión de cómo fue la semana.

EJEMPLO DE PLANTILLA MENSUAL

- Qué te sucedió ese mes (eventos).
- Resultados, tareas y preguntas al respecto.
- Revisión de cómo fue el mes.

EJEMPLO DE PLANTILLA ANUAL

- Qué te pasó ese año (eventos).
- Cuando sucedan cosas importantes, colócalas en su asiento diario anual.
- Resultados, tareas y preguntas al respecto.
- Revisión de cómo fue el año.

EJEMPLOS DE PREGUNTAS

- ¿A dónde viajé?
- ¿A quién conocí?
- ¿Cuáles son mis ingresos y ahorros ahora?
- ¿Dónde pasé la mayor parte de mi tiempo?
- ¿Dónde gasté la mayor parte de mi atención?
- ¿Cómo he mejorado en lo que hago?
- ¿Cómo han mejorado la mayoría de mis relaciones cercanas?
- ¿Cómo ha mejorado mi salud?
- ¿Cómo ha mejorado mi contribución al mundo, o ha aumentado mi caridad?
- ¿Cómo ha evolucionado mi propósito?
- ¿Qué quiero del próximo año?
- ¿Qué roles han jugado los Rituales en mi vida este año?
- ¿Cómo puedo crear de manera sostenible mejores rituales para el próximo año?

EJEMPLO DE OTRAS PREGUNTAS:

- ¿Qué se me ha resistido hoy y cómo lo he superado o lo voy a superar?
- ¿Cómo es de increíble mi pareja?
- ¿Qué aprendí o leí?
- ¿Qué hice para hacer ejercicio?
- ¿En qué estaba enfocado? Durante la mañana, la tarde, noche o todo el día en general.
- ¿Cómo me siento ahora?
- ¿Cuánto duermo?

- ¿Qué hice realmente bien hoy?
- ¿Qué mejoré?
- ¿Cómo puedo hacer las cosas mejor mañana?
- ¿Qué elemento de valor he regalado hoy?
- ¿Qué disfruté hoy?
- ¿Qué podría haber delegado o automatizado?
- ¿Por qué estoy tan feliz?
- ¿Con qué estoy comprometido? (salud, relaciones, proyectos)
- ¿Cómo estoy de comprometido?
- ¿Cuál es mi intención?
- ¿Cuál es mi deseo?
- ¿Por qué estoy aquí? (En este tiempo y en este lugar.)

4. CÓMO HACER UN RITUAL DE ESCRIBIR EN UN DIARIO ALGO PERMANENTE

Para hacer que este Ritual sea algo perpetuo es preciso tomar una decisión clara y tener una razón por la que vas a escribir. Para mí, escribir en un diario no significa que mi vida sea un borrón que no recuerde. Se trata de querer tener algo que alguien en el futuro pueda ver y ver lo que era importante para mí y lo que hice con mi vida. Para otra persona quizás se trata de dar más importancia a lo que hace y por eso le gusta mantener un registro de su autobiografía o sus memorias. Tú debes decidir tus propias razones para escribir un diario.

También es fundamental decidir el horario y lugar donde escribirás. Puedes escribir en tu diario todos los días al final de tu Ritual Matutino o al comienzo de tu Ritual Vespertino. Para las entradas semanales, mensuales y anuales, es mejor que especifiques las horas en tu calendario: estos serán tus marcadores para tu Ritual de Escritura en tu diario.

Por último, cuando escribas las entradas de tu diario y revises el día, la semana o el mes pasado, asegúrate de leer tus entradas anteriores; esto reforzará el valor del Ritual de Escribir tu Diario y lo hace más preciso.

5. PREGUNTAS FRECUENTES SOBRE EL RITUAL DE ESCRIBIR UN DIARIO

→ ¿Qué pasa si no tengo tiempo para escribir un diario?

Escribirlo te lleva literalmente 5 minutos al día. No tener tiempo para hacerlo no es una excusa válida.

→ ¿Qué pasa si no me gusta escribir?

Simplemente usa otro medio como grabarte un audio, grabarte en vídeo o tomar fotos con fechas de lo que has hecho durante el día.

6. RITUALES DE VIAJE Y DIARIO

Escribir en tu diario mientras viajas es extremadamente fácil: simplemente lleva tu computadora portátil contigo y escribe sólo 5 minutos por la mañana y 5 minutos por la noche. Si pierdes un día o un momento del día, sólo ponte al día en la próxima oportunidad que tengas disponible.

7. PRIMEROS PASOS Y ACCIONES DEL RITUAL DE ESCRIBIR UN DIARIO

1. Elige en qué vas a escribir tu diario.

2. Emplea diferentes niveles de entradas de diario (ver listas anteriores).

3. Estructura tu diario para reflejar tus eventos, objetivos, tareas y tu vida.

4. Encuentra la razón por qué quieres escribir tu diario, toma la decisión de comenzar a escribirlo y luego ¡hazlo inmediatamente!

TERCER RITUAL EXTRA
EL RITUAL DE TIEMPO ININTERRUMPIDO

1. ¿QUÉ ES?

Este Ritual también se llama de Enfoque y Concentración y consiste en obtener el tiempo ininterrumpido que necesitas para enfocarte en una tarea y realizarla.

2. BENEFICIOS DE UN RITUAL DE TIEMPO ININTERRUMPIDO

- Completarás tareas mentalmente desafiantes con menos estrés.

- Te dará el espacio, enfoque y tiempo necesario para trabajar en tareas más difíciles sin interrupciones.

- Trabajarás al máximo rendimiento.

- Te servirá para asegurarte de que las tareas no tarden más de lo necesario.

3. CÓMO EMPEZAR A HACER UN RITUAL DE TIEMPO ININTERRUMPIDO

Básicamente necesitas tres cosas: una caja de tiempo (técnica Pomodoro), configurar tu entorno y avisar y manejar a las personas que te interrumpen normalmente. Aparte hay otros pequeños consejos que te pueden ayudar. Vayamos por partes:

Como ya hemos comentado anteriormente, la técnica de la caja de tiempo o Pomodoro es la forma más simple de estructurar tu concentración y enfoque: trabaja en un ritmo de trabajo de 25 minutos con 5 minutos de pausa o un ritmo de 50 minutos a 10 de pausa.

Para configurar tu entorno sólo tienes que:

- Usar un escritorio cuya altura puedas regular.

- Tener una configuración ergonómica, tanto en tu posición al sentarte como al estar de pie.

- Mantener las herramientas y materiales que necesitas siempre a tu alcance.

- Tener agua y líquidos que te gusten, como café cerca. El café es opcional, por supuesto.

- Utiliza auriculares y música sin letra, es decir, mejor música ambiental, sin voces y/o clásica.

- Por tu teléfono en otra habitación.

- Emplea una pequeña acción de Limpieza a Neutro antes de comenzar con la tarea: todo lo que no sea relevante debe estar fuera de tu vista y fuera de tu mente.

Y para manejar a las personas, sólo necesitarás:

- Cerrar la puerta.

- Decirle a la gente que no te interrumpa.

- Tener un temporizador en tu escritorio para que la gente pueda ver que está ocupado.

- Excusa de emergencia: ponte unos auriculares y que se vea claramente que estás escuchando algo que necesita toda tu atención o que simplemente te ayuda a aislarte.

Otros consejos y trucos para configurar tu Ritual de Enfoque son:

- Establecer un límite para que finalice tu tiempo ininterrumpido, ya sean X minutos o cuando se logre el resultado que desees.

- Escucha ejercicios de concentración mental para perfeccionar tu atención.

4. CÓMO HACER UN RITUAL DE TIEMPO ININTERRUMPIDO AUTOMÁTICO Y FIJO

Puedes hacer que tu Ritual de Enfoque sea más fluido al tener una lista de verificación para configurar cada sesión de enfoque. ¡Pon en práctica la teoría del capítulo 3!

5. PREGUNTAS FRECUENTES SOBRE RITUALES DE TIEMPO ININTERRUMPIDO

→ ¿Qué sucede si pierdo el enfoque de manera repetida debido a la misma cosa?

Aplica la regla de las Tres Veces. Si te paras por la misma interrupción tres veces, búscale una solución más permanente.

→ ¿Cómo me enfoco en diferentes entornos?

Esta es una cuestión de adaptación. Puedes escuchar con audífonos para que te ayuden a bloquear el ruido y el bullicio, pero también hay que reconocer que en un entorno más concurrido, la probabilidad de que tengas interrupciones aumenta sustancialmente y no es necesario insistir en eso.

6. RITUALES DE TIEMPO ININTERRUMPIDO ESTANDO DE VIAJE

Cuando viajes, tendrás mucho tiempo ininterrumpido en los aviones y en tránsito. Cuando estés en una conferencia, deberás programar tu propio tiempo ininterrumpido entre reuniones y sesiones.

7. PASOS DE ACCIÓN RITUAL DE TIEMPO ININTERRUMPIDO

1. Configura el entorno.

2. Establece un límite para saber cuándo terminar tu tiempo ininterrumpido.

3. Haz ejercicios y repeticiones para tener más Enfoque Mental.

¡Y nada más, feliz viaje, compañero, disfruta del *Método Ritual*!

BIBLIOGRAFÍA

- Assian Efficiency. URL: http://www.asianeffi-ciency.com 17/04/18
- Cirillo, Francesco. *The Pomodoro Technique*. Creative Commons, 2011.
- Cobritas, Bor. URL: https://maravillawesome.com 18/04/18
- Currey, Mason. *Daily Rituals*. Picador; Edición: Main Market. 11/09/14
- Dean, Jeremy. *Making Habits, Breaking Habits*. Da Capo Lifelong Books. 10/12/13
- Duhigg, Charles. *The Power of Habit: Why We Do What We Do, and How to Change*. Random House Books. 07/02/13
- Tahan, Malba. *El Hombre Que Calculaba*. RBA, 2018.

ÍNDICE

Nos encuentras en:
www.mestasediciones.com